TAIQUANDAO
JIAOXUE LILUN
YU SHIJIAN

跆拳道
教学理论与实践

安徽人民出版社

图书在版编目(CIP)数据

跆拳道教学理论与实践 / 李伟编著．— 合肥：安徽人民出版社，2009. 10
ISBN 978-7-212-03681-2

Ⅰ.跆⋯　Ⅱ.李⋯　Ⅲ.跆拳道—体育教学—教学研究　Ⅳ.G886.902

中国版本图书馆 CIP 数据核字（2009）第 189912 号

跆拳道教学理论与实践

李　伟　编著

出版发行：安徽人民出版社
地　　址：合肥市政务文化新区圣泉路 1118 号出版传媒大厦 8 楼
发 行 部：0551－3533258　3533292（传真）　　邮编：230071
组　　编：安徽师范大学编辑部　电话：0553-3937079 3883579
经　　销：新华书店
印　　制：芜湖新欣传媒有限公司
开　　本：787×960　1/16　　印张：14.5　　字数：268 千
版　　次：2009 年 10 月第 1 版　　2009 年 10 月第 1 次印刷
标准书号：ISBN 978-7-212-03681-2
定　　价：25.00 元

前 言

跆拳道是奥运会正式比赛项目，以其变幻莫测，优美潇洒的腿法著称于世，被世人称为“踢”的艺术。近年来，我国跆拳道竞技水平日益提高，在奥运会、亚运会、世界大学生锦标赛、世界锦标赛上我国选手屡创佳绩，给国内跆拳道发展带来前所未有的契机，作为一项易于普及，具有良好健身、健心效果的体育运动，越来越受到国人特别是青少年的喜爱，这项运动在中国短短十多年的时间内，我国不仅拥有高水平的竞技跆拳道专业队伍，而且还拥有成千上万的跆拳道爱好者和修炼者。

为什么跆拳道运动成为年轻人锻炼的一种时尚，它的魅力到底在哪里？

武道文化和哲学思想在跆拳道自身发展过程中，对年轻人有特殊的教育意义，“以礼始、以礼终”的习武精神能培养人的高尚品质和修养，训练中穿上漂亮的道服，打拳出腿时的喊声“扼以、啊才”等能带给人全新、刺激的体验。训练带来了知识、技能、成功、快乐，值得记忆和回忆；体验带来了欣喜、趣味的转变和美感，让人身临其境。跆拳道运动既能培养人的高尚情操，追求技击格斗的最高演练形式，又能在练习过程中促进自己的身心发展，磨练意志品质，在强身健体的同时更讲究感化人的心灵。通过理论、实践学习可以使修炼者在行为规范、道德修养和武道文化诸方面得到提高和发展。

本书总结了我国跆拳道教学的理论和实践，借鉴了许多跆拳道专项教材，并结合当前跆拳道较前沿的教学方法和手段，着重突出“全面、深入、具体”的特点，对跆拳道运动的历史、教学的程序、竞赛裁判、基本技术、综合技术、战术、教学计划以及如何撰写跆拳道论文等方面进行了编著。还针对跆拳道综合训练的目的、方法、要求，基本技术的动作过程、动作要点、易犯错误与纠正、练习的方法、战术训练的方法等进行了编写，通过大量的图解和文字，语言简明扼要，通俗易懂，既有很强的专业性，又使读者在阅读中掌握专业理论知识。

本书既以大中专体育院校跆拳道专业的学生学习为主，又兼顾高等院校其他专业跆拳道普、选修课的学习，还是广大跆拳道爱好者自学自练的体育教材。

由于水平有限，编写的教程难免存在缺点和错误，书中不当之处，敬请批评、指正，恳请广大读者不吝赐教。

李 伟
2008 年 6 月于安徽芜湖

目　录

前　言 …………………………………………………………………… 1

第一章　跆拳道概述 ……………………………………………………… 1

第一节　跆拳道的形成与发展 ………………………………………… 2

一、原始跆拳道的形成 ………………………………………………… 2

二、朝鲜三国时期的跆拳道 …………………………………………… 2

三、高丽时期的跆拳道 ………………………………………………… 3

四、朝鲜时期的跆拳道 ………………………………………………… 4

五、近代跆拳道 ………………………………………………………… 4

六、现代跆拳道 ………………………………………………………… 5

七、跆拳道在中国的引进和发展 ……………………………………… 7

第二节　现代跆拳道的特点和作用 …………………………………… 10

一、跆拳道的特点 ……………………………………………………… 10

二、跆拳道的作用 ……………………………………………………… 11

第三节　跆拳道训练的意义和影响 …………………………………… 12

一、跆拳道训练的意义 ………………………………………………… 13

二、跆拳道训练的影响 ………………………………………………… 14

第二章　跆拳道教学的基础理论 ………………………………………… 16

第一节　跆拳道教学的任务 …………………………………………… 16

一、跆拳道教学的基本任务 …………………………………………… 16

二、跆拳道训练的内容 ………………………………………………… 17

第二节　跆拳道教学的原则 …………………………………………… 19

一、自觉积极性原则 …………………………………………………… 20

二、训练过程的不间断性原则 ………………………………………… 20

三、合理的训练负荷原则 ……………………………………………… 21

四、从实际出发原则 …… 22
五、巩固与提高原则 …… 22
第三节 跆拳道教学的方法 …… 23
一、跆拳道技术的教学方法 …… 23
二、跆拳道战术的教学方法 …… 25
三、发现与纠正错误 …… 26
第四节 跆拳道教学文件的设计 …… 28
一、跆拳道教学大纲模式 …… 28
二、跆拳道教学进度表模式 …… 31
三、跆拳道教案模式 …… 33
四、跆拳道课的组织形式及依据 …… 34
第三章 跆拳道运动的技术教学 …… 37
第一节 跆拳道技术概述及分类 …… 37
一、技术分类 …… 37
二、技术训练的原理 …… 38
三、技术训练的要素 …… 39
第二节 跆拳道训练的礼仪及要求 …… 41
一、学习跆拳道的要求 …… 41
二、学习跆拳道的礼仪 …… 41
第三节 跆拳道基本技术的教学与训练 …… 42
一、实战姿势 …… 42
二、基本步法 …… 44
三、基本腿法 …… 46
四、基本拳法 …… 55
五、防守技术 …… 56
六、基本技术的教学与建议 …… 57
第四节 跆拳道组合技术教学与训练 …… 58
一、组合技术的目的和任务 …… 58
二、组合技术的内容 …… 59
三、组合技术教学的组织方法 …… 71
四、组合技术的教学与建议 …… 72
第五节 跆拳道综合技术教学与训练 …… 73
一、综合训练的目的和任务 …… 73

二、综合训练的内容 …… 73
三、综合训练教学的组织方法 …… 88
四、综合训练的教学与建议 …… 89

第四章 跆拳道运动的战术教学 …… 90

第一节 跆拳道战术概述 …… 90
第二节 跆拳道战术的原则 …… 90
一、按对方实际情况设计战术 …… 91
二、按攻防兼备突出特长原则制定战术 …… 91
三、按控制与反控制原则制定战术 …… 91
四、按灵活多变原则制定战术 …… 92
第三节 跆拳道战术的形式 …… 92
一、反击战术 …… 92
二、强攻战术 …… 92
三、控制对手长处发挥战术 …… 93
四、直攻战术 …… 93
五、引诱式战术 …… 94
六、迂回战术 …… 94
七、边角战术 …… 94
八、KO 战术 …… 95
九、心理战术 …… 95
第四节 跆拳道战术的训练 …… 95
一、进行战术训练的基本要求 …… 95
二、跆拳道战术训练的方法 …… 96

第五章 跆拳道品势教学 …… 99

第一节 跆拳道品势简述 …… 99
第二节 跆拳道太极品势教学 …… 101
一、太级一章 …… 101
二、太级二章 …… 107
三、太级三章 …… 113
四、太级四章 …… 120
五、太级五章 …… 127
六、太级六章 …… 135

七、太级七章 …… 142
八、太级八章 …… 150

第六章　跆拳道训练计划的制定 …… 159

第一节　跆拳道训练计划概述 …… 159
一、制定训练计划的依据 …… 159
二、制定训练计划的类型 …… 160
第二节　跆拳道训练计划内容 …… 161
一、多年训练计划 …… 161
二、年度训练计划 …… 164
三、阶段训练计划 …… 167
四、周训练计划 …… 168
五、课训练计划 …… 171

第七章　跆拳道竞赛组织与裁判法 …… 176

第一节　跆拳道裁判员能力的培养 …… 176
一、培养裁判员的组织与教法 …… 176
二、跆拳道裁判员执裁的技能培养 …… 177
三、跆拳道裁判员应具备的基本素质 …… 178
第二节　跆拳道比赛主要规则 …… 180
一、允许的技术和攻击的部位 …… 181
二、得分的标准 …… 181
三、记分和公布 …… 182
四、犯规行为 …… 183
五、获胜方式 …… 186
六、击倒后的处理程序 …… 186
七、比赛中断的处理程序 …… 187
八、主裁判对犯规判罚的原则 …… 188
[附]主裁判手势图 …… 190
第三节　竞赛的组织与编排工作 …… 195
一、竞赛的组织工作 …… 195
二、竞赛编排工作 …… 196
三、竞赛的表格及器材 …… 199

第八章　跆拳道运动损伤产生的原因与预防 …… 205

第一节　运动损伤的分类 …… 205

一、运动损伤的情况分析 …… 205

二、急性损伤和慢性损伤 …… 206

第二节　跆拳道运动损伤产生的原因与预防 …… 206

一、跆拳道运动损伤产生的原因 …… 206

二、跆拳道运动损伤的预防 …… 206

第三节　跆拳道运动损伤的急救 …… 207

一、击倒后昏迷的急救 …… 207

二、其他损伤的急救 …… 208

第九章　跆拳道论文撰写的研究工作 …… 211

第一节　跆拳道论文撰写的内容 …… 211

第二节　跆拳道论文撰写的步骤 …… 212

一、开题报告 …… 212

二、论文的内容与基本格式 …… 213

三、论文报告(答辩) …… 214

第三节　跆拳道论文撰写的方法 …… 215

一、数理统计法 …… 215

二、逻辑法 …… 215

三、经验与调查法 …… 216

跆拳道比赛专用术语 …… 220

主要参考文献 …… 221

后　记 …… 222

第一章　跆拳道概述

跆拳道(英文名 TAEKWONDO)起源于3000多年前朝鲜半岛的民间武术。其前身是跆跟、托肩、手臂打、韩式空手道、手搏道、唐手道、自卫术等,既是一项"健身、防身、修身"的传统武道文化,又是一项能搏击、竞技、娱乐的现代竞技体育运动。这项运动在20世纪50年代中期,经由从事跆拳道教学的前辈们整合了朝鲜半岛各种技击术而统一的,半个世纪以来,努力向世界传播,已经风靡全球,成为一项新颖的竞技体育项目。

跆拳道运动是以技击格斗为核心,修身养性为基础,锻炼人的意志、振奋人的精神为目的,将人类生存意识通过躯体表现出来,并将人的精神需求具体化的一项体育运动。通过跆拳道练习,可以使修炼者在行为规范、道德修养和武道文化诸方面得到提高和发展。因此,它和中国的武术一样超越了一般意义上的竞技体育运动。

现代跆拳道运动,已发展成为一项技艺化的国际竞技体育运动,在统一的国际性组织(世界跆拳道联合会和国际跆拳道联盟)指导下,以独特的比赛规则和竞赛方式,为追求更高、更快、更强的奥林匹克精神,展开竞争、对抗、拼搏,其竞赛过程充分显示出人类生命的活力和时代发展的进步。现今跆拳道的发展可分为传统跆拳道和竞技跆拳道两大类,传统跆拳道主要包括:品式、功力测试和搏击运动三个部分;竞技跆拳道是继承和吸取传统跆拳道精华的基础上,把传统中注重"格斗"的观念改变发展为招法、体能、智能、技能综合起来带有共性意义的徒手格斗形式,以腿法为主,很少用手,具有高度的攻防实战性和激烈的对抗性。它吸取了传统跆拳道的精华,进一步突出跆拳道善于用腿法的技术特点,使跆拳道在竞技体育大舞台中得以完美体现。至此,我们也就可以给现代竞技跆拳道一个基本的概念:竞技跆拳道是两人按照比赛的规则,运用踢、打及相应的防守等技法进行徒手对抗的竞技体育项目。目前,跆拳道已成为世界上搏击类发展较快的体育项目之一。

第一节 跆拳道的形成与发展

一、原始跆拳道的形成

在远古时代，社会生产力极其低下，人类生存环境极其恶劣，所谓“物竞天择，适者生存”，人类在与自然的抗争和各部落之间的搏杀中，在采集、觅食、抵抗毒蛇猛兽以及同恶劣的自然环境斗争中，人们除拳打脚踢外，还利用棍棒、石块、竹箭等作为武器，以防身自卫或猎取食物。为了不被他人征服必须有顽强的斗志和强健的体魄并依靠集体的力量和智慧积极防卫。在这种生存环境下，原始部落之间的战争也促进了生产技能向军事技能的转化，因此，人人都是战士和猎手。

随着社会的发展，人类为了抗击外来侵略，在不断变化的生活环境下，要与不同种族之间互相争斗，于是徒手的搏斗和器械的击刺便自然产生了。原始人经过一定的选择和提炼，逐渐总结了搏斗的技巧，形成了相对稳定的徒手与器械动作的组合，在实际操作演练过程中，成为有目的、有组织的格斗运动，原始跆拳道就是在这样的环境下逐渐形成的。

下面我们从历史长河中寻觅朝鲜跆拳道发展的历史轨迹。

二、朝鲜三国时期的跆拳道（公元1世纪—公元668年）

公元1世纪左右，朝鲜半岛出现了高句丽、百济和新罗三个国家，称为三国时期。它是朝鲜半岛从奴隶制向封建制过渡的重要时期。在700余年的时间里，为了争夺领土对抗外侵，三国之间战争不断，社会基本处于战乱连绵，动荡不安的状态，因而三国均重视技击术的修炼。三个国家的武士们都把跆拳道作为一项强身健体、保家卫国的搏击武艺来进行严格训练。

（1）高句丽在朝鲜半岛西、北部的鸭绿江红河谷，北与中国接壤，南与百济、新罗相连。建国于公元前37年，公元668年被新罗以武力征服，执政631年。跆拳道在高句丽享有很高的地位，这可以从后来的考古中发现，在高句丽国的古墓、角骶冢、舞涌冢和三室冢的玄室壁画中反映出跆拳道在当时已经相当盛行。如角抵冢的壁画上有两名男子互相抓着臂膀进行角斗的场面；舞涌冢女子形似表演的舞姿；在三室冢的玄室的顶壁上绘有强壮男子运用跆拳道格斗的姿势。像这些记载跆拳道资料的壁画还有很多。

高句丽王朝为准备战事，制定了选士制度，每年的3月间，都要组织盛大集会，内容丰富多彩，其中包括狩猎、剑舞、射箭、跆拳道等项目的表演和格斗比赛，胜利者被授予“Sun Bae”的荣誉，以此选拔精明强悍、武艺精湛的武士。据有关资料记载,此时期“手博”一词已经出现,这是最古老的跆拳道。

(2)百济在朝鲜半岛的西南部,建国于公元前38年,公元660年被新罗征服,执政622年。百济和高句丽人一样,喜欢骑马、射箭和跆跟,是三国中实力最弱的国家。《隋书》称百济人崇尚读书、武技;《三国史记》记载,百济修筑了射箭场,每月初一、十五练习,每年9月举行射箭大会,进行各种武艺活动,同时记载了“手臂打”,这种竞赛是运用类似跆拳道的技法进行分组比赛。据《三国史记》记载,历代百济国王大都倡导习武(骑马、射箭和跆跟),要求全国从上到下都以强身健体、保卫国家为生活中的头等大事,当时在国内广泛推行。

(3)新罗在朝鲜半岛东南部的庆洲平原上,建国于公元前57年,执政861年(现在庆尚道地区)。据《朝鲜全史》考证,新罗的建国要稍晚于高句丽和百济国,建于2世纪中叶。建国之初,由于国力弱小,新罗一向避开与高句丽和百济的冲突,采取与高句丽联合的国策,有时甚至派王族成员到高句丽作人质,以换取高句丽的支持与帮助。新罗的统治者励精图治,加强了军队建设和对民众武艺的训练,特别是在真兴王37年(576年)新罗创立了“花郎制度”。具《朝鲜上古史》记载:圆光法师为花郎道的健康发展制定了世俗五戒——“事君以忠、事亲以孝、交友以信、临战无退、杀生有择”为其宗旨,在这种制度激励下培养了一批又一批忠君事孝、英勇顽强、无所畏惧的战士。

“花郎道”主要是由当时封建贵族子弟中品貌端庄者组成的准武士团体,通过举行马术、跆跟、射箭、狩猎等以及典籍、学识的考试,优秀者方能入选。典籍、学识是对青少年进行道德伦理、忠君爱国的教育,培养能够为封建统治阶级服务的文武兼备的官吏。“花郎制度”的推广为新罗的繁荣和跆拳道的长足发展奠定了基础。

国力渐渐强大的新罗,与中国唐朝统治集团联合,于公元660年至668年先后征服了百济和高句丽,统一了朝鲜半岛,建立了新罗王朝。

三、高丽时期的跆拳道(公元918年—公元1392年)

公元918年英勇善战泰封国的大臣王建,发动政变,颠覆泰封国,建立了新的王朝。以继承强国高句丽的思想出发,定国号为高丽,建都于开京(现今的开城)。朝鲜半岛建立了统一的国家即高丽国。据史料记载,高丽军队的战斗力来自平日的训练及对跆拳道的喜爱,训练中士兵常常用拳击打木块和墙壁,以提高拳的攻击能力。当时特别喜爱徒手搏斗的忠惠王曾专门邀请臂力过人,武功高强的士兵金振郁到宫廷表演手搏技艺,使跆拳道声望大震,并且被广大民众所喜爱。据《高丽史》记载,徒手搏斗是高丽人普遍喜欢的体育项目之一,文臣武将都要经常习练,善手搏者都会得到赏赐或加官晋爵,并被规定为军队训练的必修项目。这一时期全国上下尚武之风盛行,跆拳道运动得到了空前的发展。

四、朝鲜时期的跆拳道（公元1392年—公元1910年）

公元1392年，高丽军队的右军指挥李成桂将军，在鸭绿江江心的威化岛发动政变，带领军队打进首都，驱逐国王，取代高丽，建立了朝鲜李氏王朝，同时用“朝鲜”称国号。这一时期，高丽末期首次举行的武科考试，在李朝继续进行。武科考试科目有箭术、骑术、跆拳道等军事技术，还有儒教和军事经典知识，这是当时普通人晋升的一条捷径。据文献记载：如果一个武士想成为武官，必须在晋升考试中使用手搏或跆跟技艺打倒三个人以上才有入选武官职位的资格。由此可见当时对跆拳道的重视和提倡。

公元1790年（李朝正祖14年），李德懋和学者扑家齐、白东修三人奉王命汇编了《御定武艺图谱通志》。书中收录了关于“手搏”“跆跟”等武技的文字介绍、动作图解及各种兵器的用法，这是后世所公认的较科学的跆拳道记载。李朝末期王室受文尊武卑的思想影响开始重文轻武，正是这种因素使跆拳道逐渐脱离了王室，广泛地流传于民间。

由此可知，李朝是跆拳道集大成的发展时期。在李朝，无论是徒手还是器械跆拳道技术都趋于成型和完善，逐渐形成了跆拳道的完整体系。

五、近代跆拳道（公元1895年—公元1954年）

朝鲜李氏王朝末期，农民起义风起云涌，代表先进官僚阶层的开化派也在朝鲜半岛进行了资产阶级革命的尝试。与此同时，日本帝国主义对朝鲜半岛虎视眈眈，处于内外交困的李氏王朝面临巨大危机。1894年7月日本帝国主义侵略军袭击并占领了朝鲜。紧接着在朝鲜发动了对中国清王朝的战争，其结果是中国清王朝战败并退出朝鲜半岛。公元1905年，日本帝国主义强迫李氏王朝签定了《乙巳保护条约》，进一步夺取了朝鲜的军政、财政、行政、司法等，而且在此期间又解散了为数不多的朝鲜军队。公元1910年8月日本完全占领了朝鲜半岛，李朝灭亡。

日本人建立殖民政府，为防止朝鲜人民的反抗，消磨人民的意志，殖民政府禁止所有的朝鲜文化活动，其中一项就是禁止练习跆拳道。这一期间跆拳道技艺在朝鲜境内几乎销声匿迹，跆拳道修炼者出现了两种情况，一部分人在国内进行秘密的练习，还有一些人被迫背井离乡，远涉中国或日本谋生。1945年8月15日，日本无条件投降，朝鲜从36年的日本帝国主义暴政下获得了解放，朝鲜独立，国家政治、社会面貌日益改观，流落他乡的许多朝鲜人也先后回到故里。他们将中国的武术、日本的空手道等国外新的武艺带回了朝鲜，与当地拳师一起，在继承和发扬为原则的指导下，将各种武艺与跆拳道技艺融合到一起，从而使跆拳道技法、技巧、技能得到了充实与发展，逐渐形成了跆拳道新的技术体系，丰富了跆拳道运动的发展。

1950年，跆拳道孕育了新的技术体系“自卫术”。自卫术曾泛指跆跟、托肩、空手道、手搏道、唐手道等，种类繁多，名称混杂。为了使自卫术能进一步健康、科学的发展，跆拳道主要创始人崔泓熙（崔泓熙先生生活在朝鲜，在他很小的时候，由于他的小学因为光州学生运动被停学，所以他被父亲送到著名书法家韩溢东先生身边去学习。韩溢东先生发现，他的这名学生身体不是很好，所以就传授给他朝鲜的传统武术跆跟，以帮助他强身健体。这成为了崔泓熙先生开创跆拳道的基础。）、黄琦、李仲佑和蔡天命四人在教学过程中不断研究、推敲和练习，将朝鲜古代各流派的自卫术与日本的空手道、中国的武术相结合，形成了一整套自己的发展思路。由此创新了现代跆拳道，这种新型的“自卫术”统一称为“跆拳”。

几乎所有的武术都是以自卫、健身为目的，并从手脚并用的动作演化而来。跆拳道是对流行于朝鲜地区的古典武道和当初比较先进的搏击技术，进行科学系统的整合，把跆拳道的武道文化和踢技发挥得淋漓尽致，同时它也承载了创始人崔泓熙先生在精神和道德层面的哲学思想。

六、现代跆拳道（公元1955年至今）

1955年，为了更好地推广这种新型的朝鲜民族武术，韩国的武术家、教育家、高级军官及相关学者经过讨论认为：冷兵器时代已经过去，学习跆拳道不仅是练习手脚的功夫，还要培养人的一种精神修炼，教练在教授学生练习过程中，不应只教授学生竞技体育及健身防身的技巧，更重要的是要教会学生做人做事的道理。

当时，崔泓熙认为：跆拳道运动既能强身健体又能防身自卫，关键就缺少一种武道文化和哲学思想，经过崔泓熙、黄琦、李仲佑、蔡天命等专家讨论，大家一致通过崔泓熙提出的“跆拳”后加一个“道”字。朝鲜跆拳道“名称制定委员会”终于将自卫术过渡成为了现今完整的“跆拳道”体系。分为字面解释就是：跆（TAE）是指脚踢、膝顶、撞摔（现代竞技跆拳道已取消膝顶、撞摔动作）；拳（KWON）是指用拳击打和防御；道（DO）是指练习的方法、技巧、道理和精神的体现，也指修行。跆拳道名称的确立，结束了跆跟、托肩、空手道、手搏道、唐人道、古典武道各种混杂的局面，开创了现代跆拳道运动的新纪元。

1959年韩国成立了“大韩唐手道协会”，朝鲜民族的武道跆拳道第一次走出国门，向国外介绍了跆拳道。跆拳道创始人崔泓熙将军率领韩国军队中最优秀的19名成员出访东南亚。

1961年9月成立了“大韩跆手道协会”（唐手道协会后更名“大韩跆手道协

会”),崔泓熙将军就任会长。

1962年跆拳道被接纳为朝鲜业余体育协会的会员,首次列为全国体育比赛正式项目。

1963年第43届大韩全国体育大会确定跆拳道为正式比赛项目。这期间朝鲜和韩国的大批跆拳道教练离开他们的祖国到世界各地传授跆拳道技能,使跆拳道在世界范围内发展和普及。这标志着跆拳道运动开始走向国际化。

1965年8月设立“大韩跆拳道协会”(“大韩跆手道协会”后更名“大韩跆拳道协会”)。

1966年成立了第一个国际组织——国际跆拳道联盟(International Taekwondo Federation,简称ITF)。这是跆拳道历史上的第一个国际性机构。崔泓熙被选为主席,跆拳道正式进入了国际社会。

1971年1月17日,金云龙任大韩跆拳道协会会长。

1971年3月20日,韩国朴正熙总统为跆拳道题词“国技跆拳道”。

1972年11月30日,大韩跆拳道中央道场“国技院”在汉城成立。跆拳道进入了一个空前繁荣,迅速发展的新时代。

1973年5月28日,世界跆拳道联合会(World Taekwondo Federation,简称WTF)在汉城成立,金云龙博士当选为主席。当时即有世界各大洲的20多个国家加入这一组织。世界跆拳道联合会(WTF)成立后,制定了一套相应的规章制度,大胆抛弃了传统跆拳道中类似于表演以及实战性不强的技击内容,将其最符合现代竞技体育发展需要的、竞技性最强的技术动作加工提炼成独立的教学、训练、科研和竞技体系,由此产生了新的体育形式——竞技跆拳道。同年5月25日在韩国汉城举行了第一届世界跆拳道锦标赛。

1974年10月18日在韩国汉城举行了第一届亚洲跆拳道锦标赛。

1975年10月,世界跆拳道联合会被国际体育单项联合总会接纳为会员。

1980年,国际奥委会在第83届大会上,正式承认了世界跆拳道联合会,这一决定促使跆拳道运动在世界各地更广泛地推广。

1981年,国际体育理事会承认了国际跆拳道联合会。

1982年,IOC委员会通过决议,跆拳道将作为1988年汉城奥运会表演项目。

1983年在西班牙巴塞罗那举行的第8届世界锦标赛中,增设了女子跆拳道比赛。

1986年 跆拳道创始人崔泓熙先生率领的朝鲜跆拳道代表团来我国作访问表演。并于本年,该项运动被列为第10届亚运会的比赛项目。同年举办了第一届跆拳道世界杯。

1987年 跆拳道被列入泛美运动会、全非运动会以及东亚运动会的正式比赛项目。

1988年24届奥运会在韩国汉城拉开帷幕，主办国经不懈努力，使跆拳道被列为24届（1988年）、25届（1992年）和26届（1996年）奥运会的表演项目，为跆拳道的迅速发展提供了最大的机会与动力。

1994年在法国巴黎召开的国际奥委会第103届会议决议，第27届悉尼奥运会跆拳道项目列入2000年奥运会正式比赛项目，设8枚金牌（男女各4枚）。同样，跆拳道也是世界大学生运动会、友好运动会、东南亚运动会、南美运动会、南太平洋运动会、世界军人运动会等一系列国际体育赛会的正式比赛项目。丰富的赛事，为普及跆拳道运动和提高跆拳道运动技术水平提供了广阔的平台。

2004年6月11日，世界跆拳道联合会在韩国举行会议，选举新一届联合会主席。韩国跆拳道理事赵正源在激烈的竞选中以106票战胜对手，当选新一届主席。前世界跆拳道联合会主席金云龙因受贿等罪名被判刑。

目前，世界上拥有两大世界跆拳道组织，一个是世界跆拳道联合会（WTF），一个是国际跆拳道联盟（ITF）。世界跆拳道联合会是倡导以竞技为主，以品式（套路、架型）为辅的跆拳道技术体系，而国际跆拳道联盟是一个国际性的民间组织，主要传授传统跆拳道，倡导以品式修炼为主，以竞技实战为辅的技术体系，这两大组织为跆拳道在世界各国的推广和普及，做出了巨大的贡献。

七、跆拳道在中国的引进和发展

（一）跆拳道在中国的引进

20世纪80年代末，韩国跆拳道组织及从事中韩文化体育交流的友好人士，从不同渠道将跆拳道介绍到中国。在这期间，国际跆拳道联盟总裁，跆拳道创始人崔泓熙将军认为在中国普及跆拳道意义重大，他很早就非常重视在中国普及跆拳道的事业。1986年6月，他随国际跆拳道代表团访问了中国。代表团成员共30人，其中跆拳道表演选手男17名，女7名。代表团在北京、西安、济南等地表演了跆拳道。精彩的演武轰动了各个城市，掀起了一阵跆拳道旋风。当时的中国奥委会主席何振梁，中国武术协会主席徐才等有关负责人与崔泓熙将军进行了亲切友好会谈，他们肯定了跆拳道作为武道的惊人威力。会谈中他们表达了中国要发展ITF正宗跆拳道的愿望并希望崔泓熙将军给以帮助。中国武术界领导人还诚恳地向崔将军请教了跆拳道在世界普及和发展的宝贵经验，崔将军的几项真诚建议为日后成立国际性武术组织起到了重要作用。此次巡回演武交流不但在中国播下了跆拳道的种子，还得到了中国政府有关方面领导人的积极肯定。之后，崔泓熙将军多次亲自访问中国，并教授过跆拳道的真髓。十多年来，许多国际跆拳道联盟的高级师范不断地来到中国，为教授跆拳道作出了巨大贡献。

1998 年崔泓熙将军派遣国际跆拳道联盟的副总裁多次与宋硕景先生商谈在中国普及和发展跆拳道的具体事宜，并约定崔将军和宋先生一起访问中国考察跆拳道现状和商谈今后的工作方向。同年 10 月，宋先生按照约定从日本提前来到北京等候崔将军。在阳光灿烂的晚秋崔将军及夫人，副总裁，顾问等一行访问了开诚国际集团北京公司。在会客厅，当崔将军看到墙上的跆拳道三个字的书法时，他非常高兴，感谢宋先生珍藏多年前他赠送的那幅书法，交谈中崔将军表示国际跆拳道联盟将新设专门帮助中国普及和发展跆拳道事业的机构，希望宋先生能担负责任。

1999 年初国际跆拳道联盟正式成立了专门帮助中国普及和发展跆拳道的新机构——国际跆拳道联盟中国地区总部，由宋硕景先生负责这项工作。宋先生把普及和发展跆拳道的事业当作了自己的使命，坚决拥护崔将军的跆拳道事业，在普及和发展跆拳道的事业上做出了巨大贡献。中国的跆拳道事业，在崔泓熙将军的关怀下，在国际跆拳道联盟中国地区总部代表王伟先生的领导下，在许多国际国内师范的不懈努力和各界友好人士的热心帮助下，取得了巨大成绩。国际跆拳道联盟中国地区总部不断地、积极地帮助着无数的有志在中国各地普及和发展跆拳道的爱好者。

国际跆拳道联盟是一个国际性民间组织，注重培养学员技术和道德教育修养，让学员明白，学习跆拳道的目的是通过修炼攻防技术，增强体质，具备自我防卫能力和高尚的道德品质。

(二)中国跆拳道运动的发展

1992 年 10 月 7 日，中国跆拳道协会筹备小组成立，这标志着我国跆拳道运动的正式开始。

1994 年 5 月，在河北正定举行了首届全国跆拳道教练员和裁判员学习班。

1994 年 9 月，在云南昆明举行了第一届全国跆拳道比赛，当时有 15 个单位 150 多名运动员参加了比赛。由于我国跆拳道起步较晚，招收的运动员大多是其他项目转过来的，此次比赛从严格意义上来说，只能算是“摸底考试”。它让我们了解了我国目前跆拳道运动开展的现状，通过现场调研和录像分析找出了和世界的差距，特别是与韩国以及欧洲一些起步较早、基础好的国家相比，技术上存在较大区别。但是为今后的教学、训练和竞赛工作提供了依据。

1995 年 5 月，第一届全国跆拳道锦标赛在北京体育大学举行，共有 22 个单位 250 名运动员参加了比赛，从此跆拳道在中国迅速发展了起来。

1995 年 8 月，正式成立了中国跆拳道协会，魏纪中当选为第一任协会主席。

1995 年 11 月，中国跆拳道协会被世界跆拳道联合会接纳为正式会员。

1996 年 6 月，在澳大利亚墨尔本举行的第 12 届亚洲跆拳道锦标赛上，我国运动员获得铜牌。

1997 年 11 月在香港举办的世界跆拳道锦标赛上，我国女子 43 公斤级的黄鹂获得该级别的银牌。

1998 年 5 月 17 日，在越南举办的第 13 届亚洲跆拳道锦标赛上，北京体育大学 97 级学生贺璐敏为中国赢得第一枚亚洲比赛金牌，实现了我国在洲际比赛中金牌零的突破。此次比赛共有来自亚洲 22 个国家和地区的约 240 名选手参加，其中有世界一流强队韩国、中国台北、伊朗等。中国跆拳道队获得了 1 金 5 铜的佳绩，其中女队获得了团体总分第三名。

1999 年 6 月 7 日，在加拿大埃特蒙顿举行的世界跆拳道锦标赛上，我国女运动员王朔战胜多名世界跆拳道高手，获得女子 55 公斤级冠军，这是我国运动员获得的第一个世界冠军。

2000 年 9 月 30 日，在悉尼奥运会，我国女运动员陈中获得跆拳道 +67 公斤以上级第一枚的奥运冠军。

2004 年 8 月 29 日，在雅典奥运会上，我国女运动员陈中和罗微获得 67 公斤级和 +67 公斤以上级两枚奥运会金牌。创造了中国跆拳道奥运会历史上的新记录。

2005 年 4 月 14 日在西班牙举行的世界跆拳道锦标赛上，我国选手王莹获得 51 公斤级金牌。

2007 年 5 月 18 日至 22 日，2007 年女子第十一届、男子第十八届世界跆拳道锦标赛在中国北京举行，我国选手吴静钰 47 公斤级、陈中 +72 公斤获得两枚金牌。陈中参加三次世锦赛，获得一枚银牌和一枚铜牌。

2008 年 4 月 26 日至 28 日，在河南洛阳举行的第 18 届亚洲跆拳道锦标赛上，我国男、女运动员共获 4 枚金牌 2 枚银牌 5 枚铜牌。其中男子选手刘哮波获得了 84 公斤以上级冠军，实现中国男子历史性突破。

2008 年 8 月 20 日至 25 日，在中国北京举行的第 29 届奥运会上，中国代表团获得 1 枚金牌 1 枚铜牌。女运动员吴静钰获得 47 公斤级金牌，男运动员朱国获得了 80 公斤铜牌，实现中国男子奥运会历史性突破。

目前，跆拳道已列为世界大学生运动会、全国运动会、全国大学生运动会、全国城市运动会等综合性比赛的单项赛事，已经发展成为一种集力学、心理、哲学、医学为一体的体育运动项目。进入了体育化、制度化、科学化、规范化、具体化的发展阶段，跆拳道更趋于完善。

现在我们开展跆拳道运动，要在“古为今用，洋为中用”的原则下，利用辨证法的观点，取其精华，弃其糟粕，运用我中华浩瀚武学来补充今日跆拳道的不足。运用我国武术的优点，融合跆拳道的优势，使之发扬光大，在技击技术、理论水平的研究上都要来一个飞跃，使之成为具有中国特色的跆拳道运动。

第二节 现代跆拳道的特点和作用

修炼跆拳道能培养练习者吃苦耐劳、锐意进取、谦虚好学、内外兼修、注重礼仪的风格，具有强身健体、修身养性、观赏娱乐等多方面的作用，习练者始终把“礼”作为训练内容，所以深得人们喜爱。

一、跆拳道的特点

跆拳道是朝鲜民族的传统体育项目，具有其鲜明的特点。

(一)以腿为主，手足并用

在竞技跆拳道技术运用中占主导地位的是腿法，约占80%左右，因为，腿的长度和力量是人体中最长最大的，其次才是手。腿的技术又有很多种形式，可高可低，可近可远，可左可右，可转可旋，对人的威胁力极大；比赛规则中规定，只允许使用一种拳的方法进攻或反击，而且得分率极低，这无疑增加了运动员腿法的使用率，也构成了跆拳道运动的鲜明特点。

另外，人体的一些主要关节都可作为攻击对手的武器。如传统跆拳道中的拳、掌、肘、肩、膝、头等亦可以用来作为攻击对方的武器，也可防御对手的进攻。这些是传统跆拳道实战中最常用，最有效的击打武器。

(二)方法简捷，刚直相向

跆拳道不论是在比赛时还是在实战中，技术动作的进攻方法都是十分硬朗简练的。对抗时双方都是直接接触，以刚制刚，用简练硬朗的方法直接击打对方，或拳或腿，速度快，变化多；防守的运作也是以直接的格挡为主，随即是连续的反击动作。防守时很少使用躲闪防守法，追求刚来刚往，硬拼硬打，尽可能保持或缩短双方间的距离，以增加击打的实效性，在拼斗中争取比赛的胜利。

(三)以击破为测试功力的手段

跆拳道在向外推广时，大多是以击破的方式向人们展示其威猛无比的功力，因为，经过训练，人体四肢所发挥的威力是巨大的，因此，不能直接以人体为测试对象，只能用那些没有生命的物体，如：使用拳、掌或脚分别击碎木板、砖瓦来作为目标，以此检验和测试练习者的功力程度。这种独特的方法现已成为跆拳道训练、晋级考试、表演、比赛的一个主要内容。

(四)发声扬威，强调气势

跆拳道项目无论是训练、比赛、品式还是功力测试，都要求运动员在气势上给人以威严，多以发出洪亮并带有威慑力的声音来显示自己的能力。发声，能提高自己的中枢神经系统的兴奋性，增强注意力；发声，能提高自身斗志，给对手造成巨大的心理压力,从气势上压倒对方;发声,能增强动作的爆发力,达到以气催力,提高动作攻击的杀伤力;发声,可以配合技术动作来提高击打效果,赢得裁判认可,达到得分的目的。

(五)礼始礼终,注重品德

跆拳道给人们留下的较深印象是:跆拳道练习者始终是在不同的场合行礼鞠躬。这是因为跆拳道练习者始终把"礼"作为训练内容。由于跆拳道是练习者精神和身体的综合修炼,要求跆拳道练习者在练习技术的同时,在道德修养方面也要不断提高自己。通过用行礼的方式向长辈、教练、老师、队友鞠躬施礼,使跆拳道练习者养成发自内心的行礼习惯,以养成恭敬谦虚、友好忍让的态度和互相学习的作风,并培养其坚韧不拔的意志品质。

(六)技术体系完善,符合奥林匹克精神

跆拳道在发展过程中,不但保留了传统跆拳道技击术,而且还将其他国家的技击术与跆拳道融为一体,不断充实和完善跆拳道的发展。推广中,技术上以踢法为主,严格控制拳法的击头动作,坚决禁止摔法的运用,主张以踢法为项目未来的发展方向。

高水平跆拳道比赛中所展现出来的强悍——攻防的转化、高超的技艺、拼搏的精神、斗志斗勇的意识,以及在赛事组织和包装等方面体现出来的浓郁的武道文化元素,不仅给人们带去强烈的视觉冲击,而且还带给人民情感的震撼和美的享受。安全是跆拳道竞技比赛的指导思想,在实际的训练和比赛中,严格惩罚运动员违规动作的运用,在这种完善的竞赛规则指导下,运动员既能充分发挥技术水平,而且伤害事故又少,体现了当今体育运动的宗旨。也正因为如此,跆拳道进入奥运会大家庭后,很快被世人所认可,成为世界上最受欢迎的搏击类体育运动项目之一。

二、跆拳道的作用

修炼跆拳道具有强身健体、修身养性、观赏娱乐等多方面的作用,是人民增强体质、陶冶情操的一项技击运动。

(一)增强体质

跆拳道运动在比赛和平时训练中要经常临场变换技、战术,或是快速进攻,或是主动后撤再反击,或是腾空劈腿,或是后踢接后旋踢,跆拳道运动客观上对人的速度、力量、柔韧、灵敏、距离等方面具有较高要求。参与跆拳道运动对促进人的生理健康表现在:能够改善和提高心血管系统、呼吸系统、消化系统、神经中枢系统等多方面的功能。例如,在跆拳道运动中运动员的心率每分钟可以达到180—200次,最高心率可以达到200次以上,呼吸频率每分钟可以达到50—

60次。

在跆拳道比赛和训练中，不仅是斗技、斗智、斗勇，还需要充沛的体能和顽强的意志品质，运动员要根据场上瞬息万变的情况做出相应的反应，这就要求运动员必须具有很强的中枢神经系统的灵活性和肌肉反应速度。此外，进行跆拳道训练时，血液循环加速，以适应肌肉活动能量消耗的需要，这就从结构和功能上使心血管系统得以改善。因此，经常参加跆拳道运动对于提高人的心血管系统、呼吸系统、消化系统、神经中枢系统等功能具有很好的作用。让运动者在参与活动过程中增强了自己的体质。

（二）健体防身

跆拳道运动是武技中的一项，其项目的特点决定了它在一定范围内具有防身自卫的功能。通过跆拳道练习，掌握了对抗中攻击与防守的格斗技巧，提高身体的灵活性和反应能力，一旦身体遭受侵犯，能够有效地保护自身不受或少受伤害。具备防身和自卫的能力。

（三）磨练意志

长期的竞技跆拳道训练单调、枯燥，还时常伴随着伤痛和失败，另一方面在长期的艰苦训练和公平竞争中，运动员要做到胜不骄败不馁，兢兢业业，树立起坚定的信念去追求人生的理想。因此，跆拳道修炼过程就是对人的意志品质和心理承受能力培养的过程。

（四）修身养性

跆拳道推崇"礼始礼终"的尚武精神。其宗旨是礼义廉耻，忍耐克己，百折不挠。训练可以培养练习者坚韧不拔、勇敢无畏的精神，养成谦虚、宽容、礼让的高尚品德和尊师重道、讲礼守信、见义勇为的情操，并影响社会。

（五）观赏娱乐

跆拳道是对抗性很强的体育项目。在功力测验中，练习者轻松击破木板、砖瓦，使人为之惊叹。竞技跆拳道不仅斗勇，更讲究比技斗智，尤其是比赛中凌空飞腿和组合腿法令人眼花缭乱，具有极高的观赏价值，人民在观看跆拳道比赛时，可以欣赏到一种击打的艺术美，同时也陶冶了人民的情操。

第三节 跆拳道训练的意义和影响

大部分学习跆拳道的人关心自己的身心健康，目标是掌握真正的攻防技术，提高自己的思想境界和高尚品德，而不是只为拿奖牌。换句话说，大部分学武人喜欢武道，而不是体育。因为武道的高度是没有止境的，而体育项目的高度是以奖牌来衡量的。

一、跆拳道训练的意义

随着人类文明的发展，人民的需求呈现多元化，物质需求满足不了现代人的需要，更多、更强、更广泛的爱好是现代人追求的目标。跆拳道练习的意义是多元化发展的关键环节之一，也是人的精神追求的一部分，大致分为四个阶段：

萌芽期：初学跆拳道的人往往是出于对跆拳道的好奇和向往而开始练习的。在学习跆拳道基本技术动作和专项基础理论过程中，由于接触了技术，在基本理论的熏陶下，他不仅学习了攻防技术，也逐渐培养起了自信心。争强好胜可能成为初学者的一个主要特点。虽然要求他在队友、朋友之间都要以礼相待、尊重别人，但是建立在对自己技术动作掌握的好胜心，以及技不如人、遭受挫折之后被刺激起来的自尊心上，遇到事情往往感性就占了上风。于是他可能在礼义廉耻方面过分偏向维护自己的廉耻而忽略了对待他人的礼仪，在社会上和演练过程中处处显得咄咄逼人、不甘落后，从而可能对他人的身体和心理造成一定的伤害。

发展期：教师应该对处在萌芽期的演练者加以正确的引导，使他认识到过分的争强好胜不仅对他人造成损害，对自己进一步学习跆拳道也是不利的。此时，演练者在教师的引导下，加上自己的摸索，就进入发展期。伴随着技术动作的进步和理论方面的提高，他对练习跆拳道追求的目标也发生了变化，他学会了要对自己的所有行为负责，要适当地控制自己的好胜心，而不能一味地任其膨胀。在与其他演练者切磋技艺的过程中，他逐渐学会了忍耐克己，适当地收敛自己的行为和个性，避免伤害别人。从而为自己创造一个和谐、融洽的环境打下基础，为自己进一步提高技能和学习理论提供好的环境。

成熟期：跆拳道演练者为了克服自己在萌芽期的缺点，克服在发展期个性和行为的压抑，可能过分地偏重于抑制自己的性格，使自己的技艺和个性得不到充分的发展。这样他就有可能产生苦恼，对自己学习跆拳道最初的兴趣和最终的目的以及可能达到的效果产生怀疑。这样他的技艺也可能暂时地徘徊不前，陷入一个停滞阶段。但这毕竟只是暂时的，因为进一步的学习、思考、摸索，加上教师的启发和与队友的交流，他会逐步掌握好克制自我与张扬个性之间的分寸，逐步调整好自我与他人之间的友谊，为修炼跆拳道精神和技术水平双面的提高找到一个最佳的切入点，从而达到成熟。

升华期：领悟了跆拳道练习意义的三个方面，在学习跆拳道技术动作和专项理论的过程中，由于熟练掌握了技术，在理论的正确引导下达到了较高水平，也就是进入了升华期。进入升华期就达到了跆拳道演练的较高境界，训练不仅仅是在练"拳"，还要真正地悟"道"。

被国际誉为"世界第一腿上搏击术"的跆拳道运动始终推崇"以礼始，以礼终”的尚武精神，贯穿“礼义廉耻、忍耐克己、百折不屈”的宗旨，是一种以动为形，以形为合，以合为无，以无至道的体育运动。

学会品势或学会一个技术动作，即为“形”；

在实践中成功运用一个技术动作，要有许多因素组合在一起，如速度、力量、距离等，则为“合”；

许多动作演练到非常熟练时，才发现常常最简单的动作最实用，不需要任何花架子，既为“无”；

“道”的教育始终贯穿在训练中，跆拳道学习要真正做到不但技术水平高，而且在道德水平方面也要高，在强身健体的同时，更讲究感化人的心灵，从无至道，需要用内心去体悟。

跆拳道既要培养人的志气、勇气和胆量；还要培养人的谦虚、淳朴的良好品质以及高尚情操，人们一旦拥有了这种品质，就会自觉地去克服自己的缺点，谦让别人，从而拥有与他人共同合作、友爱、团结的美德。

二、跆拳道训练的影响

学习跆拳道的过程，有机会和不同职业、不同年龄、不同性别、不同民族的人进行交流，增进友谊，学习不同的文化，可以调节人们长时间在室内工作和学习的紧张气氛，达到劳逸结合。修炼跆拳道不仅能强身健体、防身自卫，而且有助于青少年增高益智、减肥、缓解精神疲劳、促进身体发育、改善体质，即使是先天性体弱者经过跆拳道的系统训练，也可具备良好的身体素质和自信心。

跆拳道的每个动作都是科学的和有明确目的的，基本功练习使学员的动作更加简洁明了；优秀的示范动作能够使任何学员有信心掌握跆拳道技术；对打练习可以使学员更加谦虚，培养克制能力和勇气；套路练习使基本动作更加柔韧，优雅达到最高境地。另外，身体运动可区分为强力的和轻快的两种。强力的身体运动有利于培养人的意志和勇气，增强自己的胆量和自信；而柔软轻快的运动，则能使人体循环系统的器官健全而圆滑，并培养人的忍耐性。

被人们认为是斗技的跆拳道，可以说是较理想的体育运动。一方面使人充满自信心，培养人勇往直前的精神，成就具有管理能力的领导者；另一方面可产生心理上的安定感，造就出一个强而有力的人。生活中，无论面对任何困难，也不易动摇其信念。

这样，练习跆拳道潜意识地树立学员的人生观、价值观。在练习跆拳道的过程中，观察每个人的动作就可预知各自的技术水平。因此，学员之间将产生竞争心和学习热情，培养学员积极向上、助人为乐、不断进取的精神。通过有纪律的生活，使学员容易融入社会，向往优秀的师范，培养谦虚礼貌的行为和严谨的生活方式，树立更高的人生目标。

事实证明，只有不断学习和锻炼的人，展示在我们面前的才能是一个充满朝气，富有创造精神的人，在全面推广素质教育的今天，强健的体魄依旧是现代人才的第一素质。

思考题

1. 如何全面认识跆拳道在中国发展的历程和目前我国的发展现状?
2. 跆拳道有哪些作用和特点?
3. 如何理解跆拳道训练的意义和影响?

第二章　跆拳道教学的基础理论

跆拳道教学应根据教学文件制定的规律，采用严谨的训练方法，循序渐进对教学的过程进行指导，根据教学的任务和原则，对教学训练工作有目的、有步骤、有组织地进行指导和实施。其中，教学计划是教学工作的重要组成部分，教学大纲、教学进度和课计划的科学制定和实施，是完成教学任务的硬性指标，是顺利进行教学工作的保证，是检查教学工作的重要依据。

第一节　跆拳道教学的任务

跆拳道教学主要是通过跆拳道理论、技术、战术的学习与掌握，形成一定的运动技能，更好地促进学生的德、智、体全面发展，从而进一步为提高学生技术、战术的运用能力打好基础。

一、跆拳道教学的基本任务

(1)掌握跆拳道理论知识、技术、战术。

(2)使学生初步具有跆拳道运动的教学训练、竞赛组织、裁判和科研等工作的能力。

(3)培养学生的道德品质，以及顽强的意志品质。

(4)发展身体素质，改善身体技能，增强体质。

(5)培养社会需要的专业人才。

跆拳道教学是在教师的指导下，学生积极配合教师为完成教学计划，掌握跆拳道运动技术和技能的一个训练过程，是培养学生从不知到知的阶段(掌握必要的跆拳道知识、技能、技术)；训练则是从兴趣培养到专业的训练，(发展技术、技能、提高、完善挖掘学生运动员的潜力)。在跆拳道教学过程中，要把握基本技术动作教学的规范化和战术运用的方法，与此同时，向学生传授跆拳道基本理论知识，使学生正确理解技术、战术的概念，掌握技术动作运用的时机、方法等，结合跆拳道运动的特点，培养学生顽强的意志品质和集体主义精神，更要养成谦虚礼让的高尚品德及尊师重道、讲理守信的良好道德作风，培养德、智、体全面发展的社会主义建设所需要的体育人才。

二、跆拳道训练的内容

跆拳道训练的内容是根据训练的特点制定的,是按照跆拳道训练的一般规律及学生的实际水平,严格按照训练计划实施的。其训练内容主要包括以下几个方面。

(一)身体训练

跆拳道身体训练是学生掌握和运用技术战术的基础条件，是承受大负荷和高强度比赛的基础，是学生在训练或比赛中保持稳定、提高运动成绩的必要条件,也是减少运动损伤、延长运动寿命的有效手段。身体训练有一般身体训练和专项身体训练两个方面。训练中要根据年龄、性别、生理特征等,对身体素质加以科学合理的安排。一般来说,身体训练应以提高速度、柔韧和力量为主,灵敏性和耐力为辅,主辅结合,合理安排。

1. 速度训练

速度训练主要包括反应速度、动作的击打速度和步法的移动速度三个部分。速度是指人体快速运动的一种能力。运动员无论是主动进攻、防守反击或者是迎击,都需要良好的速度素质为基础。速度的表现程度取决于人体中枢神经系统的灵活程度。因此速度训练要与身体素质的全面发展同步进行。跆拳道运动员的反应速度一般包括简单反应速度和复杂反应速度两种：简单反应速度是运动员对某一动作或信号所做出的反应，复杂反应速度是对对手所做出的动作的各种变化做出相应动作的反应能力。

比赛中，反应速度、动作的击打速度和步法的移动速度都是综合表现出来的。从技术角度讲,它是建立在技战术娴熟程度之上,并受其他因素诸如步法、距离、时机、判断等因素的制约,需要长期系统的培养,只有将这几方面最大限度地有机结合起来,一切从实战出发,贯穿于整个训练过程中,才能使人体综合速度在比赛中达到尽可能的完善程度。

2. 柔韧训练

柔韧是指人体关节在不同方向上对肌肉、韧带的伸展及弹性的运动能力。良好的柔韧性是运动员学习、掌握运动技能的基础,尤其是跆拳道运动中对柔韧性要求较高的一些高难度动作,没有良好的柔韧性,是根本无法掌握和完成的。

跆拳道运动项目对柔韧性训练应注意保持肌肉的弹性，既柔不软，又柔不僵,其训练要保持经常化。主要对腰、髋、跨、腿、踝等部位的柔韧有较高的要求。对于跆拳道运动员来说腿部柔韧性更加重要。

3. 力量训练

力量是跆拳道比赛中对抗的物质基础。力量训练的着眼点应放在发展身体的腰、腿、踝、髋部位上，提高动作力量及运动员瞬间爆发力上。训练中应注意提高运动员神经系统的兴奋与抑制过程迅速转换的灵活性，及肌肉工作迅速收缩和舒张的能力。

4. 灵敏性训练

灵敏性是人体在复杂的条件下迅速、协调、准确、灵活完成动作的能力。它取决于人的大脑皮层神经系统的灵活性程度，以及人体的动作速度、爆发力等其他素质的发展和运动员掌握技能的数量和质量。通过灵敏性训练能使运动员在各种复杂的条件下做出相应迅速、准确、协调的动作。

5. 耐力训练

跆拳道运动的特点是要求运动员具备良好的耐力素质。在训练中，一般将耐力素质分为一般耐力和专项耐力。教学中要在一般耐力的基础上加强动作速度耐力训练，使呼吸系统的机能得到发展，为其他几种身体素质的发展提供物质基础。耐力训练可结合专项身体训练和技战术训练交替进行。

（二）技术训练

跆拳道技术训练使学生全面掌握移动步法、单个技术、组合技术、脚靶和护具等基本教学内容。确立以动作速度为中心，组合动作为重点，击打准确性为核心，以基本技术动作的规范性为基础进行全面技术训练，鼓励学生尝试学习并掌握先进技术，做到技术动作全面、熟练，击打准确、实用。

（1）移动步法：在单个移动技术动作训练的基础上，结合身体训练和其他技术动作进行。要求，在对抗的情况下较熟练地掌握各种移动步法结合动作的运用。

（2）单个技术：根据学生的身体条件，不同的身体特征等，按照区别对待的教学方法，让学生掌握规范的基本技术动作，加强击打的准确性和攻反能力的培养。

（3）组合技术：掌握各种腿法、拳法技术，能够随意组合各种动作，可进行一些条件对抗、实战等难度练习，提高控制距离、时机、击打的准确性等动作的运用能力训练。

（4）脚靶、护具技术：脚靶、护具技术采用的教学方法主要是固定靶、移动靶、反应移动靶三种。要求基本实战姿势站立，在训练中运用技术进行高位和中位技术练习，并掌握好动作运用的时机、距离、力度等，提高个人攻反及得分得点的能力。

（5）防守技术：不断强化防守意识，积极主动、合理地运用进身、步法移动、反击和迎击的防守技术，提高防守能力和防守的实效性。

（三）战术训练

战术训练是在运动员掌握了一定的技术动作，具备了一定的基本功后才进行的。高水平跆拳道运动员，必须注重对战术意识的培养，如果缺乏清晰合理的战术意识，即使具有较好的身体素质和技战术水平，终归也只能是行动盲目，处于被动挨打的地位。所以，战术训练首先从战术意识的养成做起，落实到战术训练的具体方法之中。

（1）战术训练要在两人配合的基础上，形成战术运用意识，确立一套适合自己的攻防战术体系，并逐步渗透到战术训练的各个环节中，不断加以完善。

（2）在掌握攻防战术配合的基础上，重点训练在对抗情况下攻防转换及动作运用的得分能力，要求在快中求准，在稳中求狠，逐步形成符合自己的具有鲜明特点的攻防战术风格。

（3）战术训练要与身体素质、技术、心理、智力等训练有机结合，并通过实践逐步提高战术运用质量。

（四）心理训练

心理训练是指采用各种手段，有意识、有目的地培养运动员良好心理品质的过程。心理训练的方法主要是模拟训练（模拟裁判偏袒、模拟赛前准备活动、模拟比赛时间、按比赛要求进行实战等），放松训练（自我暗示训练、呼吸调节训练、音乐调节训练等）。

（五）意志品质训练

意志训练直接关系到运动员人格养成和训练任务的顺利完成。因此，教练员应要求运动员在训练中树立不怕苦、不怕累、不怕困难，练出过硬的本领，敢于挑战困难、战胜困难的信心和决心。意志品质训练主要包括以下几个方面：（动机和态度的培养、大运动量适应训练、大强度适应训练、与高水平运动员的配对训练、正确对待伤病情况等）。

（六）智能训练

智能是指运动员运用知识和信息，分析和解决运动训练中各种实际问题的能力。教师通过有计划、有目的地向运动员传授跆拳道运动的知识，从而较深入地理解跆拳道运动的规律，提高比赛中运动员善于理解与实现教练员意图的能力。独立分析判断对手运用动作的思维、战术运用的能力等，因此智能训练是通过理论知识的掌握和各种手段方法的运用逐步提高的。智能训练可通过跆拳道理论课、技战术分析课、规则裁判分析课等，也可通过写训练日记、训练体会、提问等途径开发运动员的智能。

第二节　跆拳道教学的原则

教学原则是指对教育的对象、教学的目的、过程及学生身心发展规律的全面认识。在教学活动中教学原则是教学工作的前提条件,是在教学活动中处理主动与被动、理论与实践、知识与能力等各种关系的客观反映。

当今,跆拳道教学的方法正朝着技术动作规范化、科学化前进,而科学化训练的实质是在于按训练过程的客观规律进行教学,训练过程中产生的训练效果,将直接检验教学计划制定的科学性。因此,在跆拳道训练过程中贯彻运动训练原则,是实施科学化训练的重要体现。所以,教师必须深入理解教学工作中的各种关系,正确地运用教学的原则,把教与学、主观与客观恰当地容为一体,调动学生训练积极性,提高教学质量。

根据跆拳道的训练规律把教学原则总结如下:

一、自觉积极性原则

在跆拳道教学中贯彻自觉积极性原则,是指教师启发学生学习的自觉性,调动学生的学习积极性,提高学生训练的主动性。还要引导他们积极思考,刻苦训练,自觉地掌握跆拳道理论和跆拳道技战术运用的方法,提高他们观察问题、分析问题和解决问题的能力。

动机是学习的积极元素。如果学生学习目的不明确,学习动机不正确,就不可能积极地学习,也不可能把这种积极的学习态度长期地保持下去。因此,明确学习目的,是调动学生学习的关键。

教师是教学的主导,启发和引导学生自觉积极地学习是教师的重要责任。跆拳道是一项对身体素质、意志品质、战术思维和快速反应能力要求很高的运动,教学中使学生正确掌握技术动作的概念和动作方法,根据跆拳道攻、反、迎、防对抗的规律,加强学生训练的针对性。兴趣是形成学习动机的重要因素,它可能是短暂的,也可能转化为长期的。通过比赛、裁判工作和组织竞赛等实践活动,调动学生学习积极性,从而更大限度地发展他们的能力。

二、训练过程的不间断性原则

不间断原则是指系统地、持续地、循环渐进地组织训练的全过程。该原则强调:从训练初期,到出现优异运动成绩,直至运动寿命的终结。应根据训练结构中各因素间的内在联系及人体运动能力发展规律,持续地进行训练。跆拳道训练是一个多年的教学过程,运动技能的形成要遵循由简到繁、由易到难、由浅入深、由低到高,按照一定的顺序安排训练,更要有计划、有组织、有步骤的实施训练计划的落实,多年训练计划的制定大到由年度、大周期、小周期和阶段训练计划进行衔接起来,小到精心安排每节课的教学内容、练习方法、运动负荷、以及采取的教学措施。使每一次训练的效应都在上一次的训练效应基础上积累起来,才能使运动员更好地有计划地学习和牢固地掌握技术与战术。

如果中断训练,中枢神经系统对机体精细运动的支配能力便会受到影响,反应迟钝,最终使技术动作动力定型遭到破坏。为了避免体能、技能的消退,克服训练效应的不稳定性,必须在系统训练的基础上保持积累运动技能,使运动技能得到不断改进和完善。因此,要想获得理想的训练效应,有效的发展学生运动员的体能、技能、战术能力、运动智能及心理能力,就必须注意保持训练过程的连续性,系统性、不间断性。

高水平运动员的训练,不仅要求训练课、小周期和中周期的重复在有机体得到恢复和提高的情况下进行,而且也要求在不同程度的疲劳状态下进行。这就需要在训练过程中科学地安排适当的间歇和调整,保证训练的不间断进行。同时,要采取有效的措施预防和及时治疗运动员的伤病,防止由此造成的训练中断而影响训练的系统性和连续性。跆拳道训练水平的提高是一个长期的过程,坚持不断的训练,才能保证学生运动员的身体形态、生理机能、心理素质、技术和战术等方面产生一系列适应性良好的变化。

三、合理的训练负荷原则

此原则是指在训练过程中,根据运动员承受负荷的能力(运动量和强度),逐步有节奏地安排运动负荷。在生理极限范围内,有机体在承受一定的负荷后,会产生某种适应性反应。当有机体适应这一负荷后,会出现机能节省化现象。如训练负荷刺激仍停留在原有水平,有机体的机能水平也将停留在原有的水平上。因此,只有在适应的基础上,通过不断加大负荷,对机体施加更强烈的刺激,使机体不断获得新的适应,才能提高运动员竞技能力水平。

在运动训练中,运动员有机体在承受一定的负荷后,就会产生疲劳(能量消耗),在一定生理范围内,负荷刺激越大,机体能量消耗越多,疲劳程度就会越强烈。在渐进负荷达到一定程度时,安排一个减量阶段,让有机体有时间进行能量的重新动员,负荷解除后,如能科学合理地安排恢复,那么能量物质的恢复就会越快,产生超量恢复的水平就会越高。

运动负荷的大小是相对的,对于同等的运动负荷,不同的人对刺激反应程度是不同的,这是人体存在着个体差异及个体在不同时期承受负荷最大限度的能力具有变异性特点所决定的。因此,必须科学分析每一阶段每位运动员所能承受负荷的生理极限。训练时通过科学的负荷安排,从技战术、心理上和生理上做好充分的准备,在比赛中根据对方选手的技术情况,结合自己的技术特点,最大限度地动员机体获得的运动潜力,通过比赛发挥出来,创造优异的运动成绩。

四、从实际出发原则

从实际出发是根据学生的实际情况，紧紧抓住教学中的主要矛盾和矛盾的主要方面，解决教学中的重点和难点，教法要简单易行，讲求实际效果，在有限的教学时间内，达到既能使学生掌握知识技能，又能增强体质。贯彻实效性原则，注重实际效果，不追求表面效应，在技战术教学中，力求做到精讲多练。“精讲”是在深入分析教材和学生实际的基础上实现的，“多练”就是要设计符合跆拳道运动特点和学生实际水平的练习方法，给学生更多的实践机会。

从实际出发应注意以下几点：

(1)调查研究，切实掌握学生的具体情况，是技术型的还是力量型的；是意志品质好还是心理素质好；是防守反击型的还是主动进攻型的；比赛中主要的弱点有哪些等等。教师要通过各种途径和方法，全面掌握学生运动员的情况，对于制定训练计划的针对性将起到十分关键的作用。

(2)一般要求与区别对待相结合，做到因人施教。在教学中，不同的学生有着不同的身体机能水平、运动素质、心理品质、接受能力及承受负荷的能力，要考虑到学生的个体差异。在跆拳道教学中，根据学生运动员相应的技战术掌握情况制定相应的教学计划，按照计划的任务、要求和要达到的目标，充分发挥学生的自身条件，因人施教，区别对待，形成自己的技术风格与特点。

五、巩固与提高原则

巩固与提高是指在教学中，使学生牢固掌握所学的知识、技术和技能，这些内容能随时出现在记忆中，使学生在巩固练习的过程中不断提高，并能在实践中加以运用。巩固与提高是有密切联系的，技术的巩固程度为技术的提高创造了条件。原则可归纳为“精讲多练”。实践课中教师的教学，主要是通过讲解与示范；学生的学习主要是“听、看、练”，而训练是关键，只有通过训练才能使学生掌握技术动作。因此，训练课的安排要有一定的运动量和密度，在多练的基础上才能熟练掌握技术，所谓熟能生巧，从而达到巩固和提高的目的。

巩固与提高的贯彻可以遵循以下训练的方法：

(1)使学生了解正确的动作过程和动作要点，掌握所学技术动作的运用前提条件等。

(2)反复练习同一个技术动作，逐步消除技术动作的易犯错误，使之趋于完善，达到技术动作规范化和技术动作的动力定型。

(3)在掌握知识和技术的基础上，不断提出更高的要求，以求达到新的技术水平。

第三节　跆拳道教学的方法

教学方法是教师执行教学计划的过程中完成教学任务所采用的教学途径和手段。教学就是教与学的结合；方法是教师引导学生掌握知识技能完成教学任务，也是教学原则的具体运用和体现。培养学生的训练兴趣是教学的重点，既要发挥教师的主导作用，又要发挥学生的主体作用，都应遵循跆拳道运动的特点，正确地选择和运用教学方法去完成教学任务。

一、跆拳道技术的教学方法

跆拳道教学主要有五个环节，即讲解、示范、试做、组织练习和纠正错误。根据跆拳道教学的目的和原则，技术教学一般按照以下三个步骤来进行。

(一)建立正确的技术动作概念

1. 讲解

讲解要简要、生动、形象化。讲解的内容包括技术动作的名称、技术要领、易犯错误、动作运行路线、发力要点及对身体各部位姿势的要求等。讲解要突出重点，既要注意技术原理的分析，又要启发学生的思维，语言要生动形象，使学生易懂、易记。

讲解的内容主要有：

(1)动作的名称、攻防作用。使学生先对技术动作有一个概念上的认识。如横踢既可用来进攻，也可用来防守后的反击。

(2)使学生明白动作关键之处(如后踢：首先要转身—夹腿—压肩—转头—动作走直线—回收快速落地)，也就是要掌握动作的关键环节。

(3)动作规格。使学生明白动作的质量标准，击打的力点和不同的部位、实战中的运用时机及运用价值等，力求做到动作规范，发力合理。

(4)易犯错误与纠正。在学生练习前讲解易犯错误，使学生意识到错误所在而力求预防；在练习过程中讲解，使学生主动去纠正错误动作。

(5)进攻或反击后的组合动作。使之成为一套攻反体系，并与实战尽可能地统一起来。

2. 示范

示范是学生通过观察教师正确的示范动作并通过视觉感知，来接受技术的最生动具体的方法。因此示范动作的规范、协调、优美可以激发学生学习的兴趣。

(1)跆拳道技术教学中示范要规范熟练，从动作的运行轨迹、发力顺序到身体的配合等都要做到准确无误。

(2)示范方法要多样性,根据学生的实际情况和教学的目的要求,灵活地选择相应的示范方法,如对于简单的动作或基础较好的学生,可采用完整示范;对于复杂的动作和基础不好的学生,可采用分解示范;为便于观察,可采用慢动作示范;为了加深对正确与错误动作的认识,可采用两种动作的对比示范等。

(3)示范结合讲解。可以先讲解后示范;也可以先示范后讲解,然后再示范;也可以边讲解边示范。无论哪种形式的示范,它们总是互为补充,相得益彰。也可以在示范中设计小问题让学生回答,借此启发学生对动作的思考与对比。

3. 试做

试做是在讲解与示范的基础上,让学生在降低要求的条件下尝试体会动作。试做不必是完整的技术,但必须是技术的关键,有时是分解做,有时是简单的模仿,使学生视觉、听觉和本体感觉一起发挥作用,以便获得所学技术动作的运动感觉,初步掌握技术。

讲解、示范与试做的过程,是学生动作技能形成的认识阶段,其主要作用是视觉、听觉、身体模仿等外导系统,尤其在视觉上形成对学生产生清晰正确的动作表象。因此,教师应适时做出正确的示范动作,把讲解、示范和试做结合起来,使学生更好地理解动作要领,形成正确、完整的技术动作概念。

(二)形成正确的技术动力定型

1. 在简单条件下练习技术动作

根据技术动作的难易程度,可适当降低练习的难度,或采用分解与完整练习的方法,或在慢速或无对抗的情况下练习。如学习横踢技术,可采用二人不接触拉锯式练习的方法,以对方为目标,练习横踢转体、提膝、由曲到伸的规范动作,把注意力集中关键环节上,避免打靶、实战带来的干扰。在掌握了横踢空击动作后,可进行打靶或条件实战练习,与对手的距离可由固定到移动,保证横踢动作不变形,并逐步加大难度。

2. 掌握组合技术,巩固技术动作

在学生掌握两个或两个以上技术的基础上,要进行组合技术练习,以进一步巩固技术动作的动力定型,为技术的运用奠定基础。

跆拳道技术在实际运用中一般表现为攻、反、迎、防。动作规律表现为既有进攻又有防守反击,前一个动作的结束就是后一个动作的开始,如横踢的进攻和防守,进攻与反击;反击与迎击等。因此,要适时进行组合技术练习,组合技术的衔接要合理,动作要有节奏,讲究击打的时机。在组合技术练习中,可先在慢速中进行,然后逐渐加快步法的移动速度和动作速度,以进一步巩固技术动作,使之更加熟练。

3. 掌握假动作,提高应变能力

学生运动员完成组合技术的基础上,可结合假动作的实施,学会运用步法前压、换步、提膝等迷惑对手,假动作要做得逼真、灵活、真实,不断提高应变能力。

(三)在攻防对抗条件下提高运用技术的能力

1. 在规定的技术条件下进行攻反练习

为了给练习者设定一定的训练条件,练习时可以对攻反双方学生运动员提出一定的要求。学生在这种特定的条件下进行练习,便于掌握技术的运用能力。如练习横踢反击技术时,进攻者控制一定的速度提供反击的击打时机;练习组合技术攻反时,陪练者一次反击后不再进攻等。

2. 根据主练方对抗条件下进行练习

根据练习的重点,对攻守双方提出一定的要求。如在练习进攻技术时,要求防守消极些,练习防守反击时,要求进攻积极些。

3. 根据积极对抗条件下进行练习

在跆拳道技术教学中,对初学者宜采用简单条件下的练习方法。当他们的技术动作掌握得比较牢固熟练后,可以逐步增加练习的难度和强度,通过积极的对抗,进一步提高技术运用的能力。

当学生已基本掌握了技术动作并逐步达到熟练的程度后,应逐步过渡到在积极对抗条件下动作的运用能力,使学生在接近比赛强度的状态下完成技术动作的攻、反、防、迎。

二、跆拳道战术的教学方法

教学的任务是使学生掌握战术方法并在比赛中运用。由于跆拳道战术是以跆拳道技术为基础的,因此,战术教学与技术教学相结合,在战术教学中应按照以下步骤进行安排。

(一)建立战术概念,掌握战术方法

教师首先要讲解具体战术的概念、特点、练习的目的、作用等,使学生对该战术有初步的了解。然后对该战术的练习方法,以及战术变化的规律进行讲解和演示,使学生对所学战术运用有基本的了解和认识,以建立完整的战术概念。

(二)提高攻反转换能力

在练习中,当第一次进攻后,无论对方进还是退、攻还是反,应立即调整身体的重心,迅速转入待发状态。攻反转换要迅速、流畅。进行攻反转换时,可练习两个动作的攻反,三个动作的攻反,先进行规定攻反练习,后进行无规律攻反练习。

(三)提高战术综合运用能力

根据学生掌握战术方法的数量和质量,以及攻反转换能力的具体情况,可逐步要求学生有策略地运用多种战术。如:开场打要谨慎寻找对手的弱点,领先要攻反结合,落后要积极主动等。攻反双方的战术变化相应地要有所改变地运用战术打法,比赛中可以提高综合战术运用的能力。

(四)运用喂引强化战术的形成

"喂引"主要是教师通过"喂招"与"引招"来提高学生攻防格斗技能的一个过程。"喂招"是教师给学生做假设性对手,根据学生所练技、战术动作的需要而进行的喂递练习,比如:学生在做横踢击打小脚靶练习时,教师给予一定的配合,反复讲解规范动作的要点及动作的启动速度。使学生体会什么是规范动作和怎样提高动作速度,练习中技术动作应该怎样发力等,这样由慢到快,逐渐掌握技术动作正确的要领后,再进一步提出更高的训练要求;"引招"是为了使学生在攻防技术运用中,判断对手出击技术运用时的时机、方位、距离而应急引发的反应动作。如横踢反击战术:要想抓住对手攻击的腿,进行合理的反击,一方面抓对手进攻腿回收着地的刹那间的时机;另一方面要求学生运用步法、假动作调动,骗对方运用技术动作,根据对手的技术动作进行横踢反击。练习时,学生与学生之间可先放慢速度,找技术动作反击的距离感,然后提示学生动作速度加快,最后逐步达到应用自如的程度。

(五)运用实战检验战术的运用

训练为了实战,而实战为了(也就是提高技能)比赛,也就是说学习竞技跆拳道的最终目的就是为了拿冠军,而学习技术动作的最终目的为了实战。任何技术动作都是为实战比赛服务的,只有经过实战比赛检验的技术动作,才能证明其实效性。教学中,让学生明白每个技术动作在实战比赛中的作用和应用价值,让学生了解,每一个技术动作在不同的形势下,不同的方向角度,不同的对手,不同的运用方法等会有不同的结果。每一个技术动作的变化都是实战比赛的需要,只要紧紧抓住这个变化的规律和特点,我们的教学训练才能做到练战结合,技术动作的实效性才能在实战比赛中真正地充分体现。

三、发现与纠正错误

在跆拳道教学中,由于教学内容、教学方法、技术水平、教师经验、教学环境等多方面因素的相互作用,学生在学习过程中产生这样或那样的错误是不可避免的,也是正常的。如果学生的错误动作不能及时发现并得到纠正,任其发展下去,就会形成错误的动力定型,影响后期正常的技、战术的掌握,甚至可能导致伤害事故的发生。所以,教师发现与纠正错误动作是教学中的重要任务,也是教学中不可缺少的重要环节。

（一）要及时发现错误

发现错误是纠正错误的前提。教师应该准确地把握正确技、战术表现形式和动作要领，把握技术和战术的关键，对技、战术的细节要了如指掌。这样，当学生一旦出现错误就会立即发现。

（二）错误动作产生的原因

当教师发现学生的错误动作时，不一定能立即判断出产生错误的原因。学生的个体差异较大，同样的错误可能由不同的原因造成的。分析产生错误的原因是纠正错误的基础。因此，教师必须运用自己的知识和经验，细致准确地分析，找出错误发生的原因。

一般来说，技术学习中产生错误的原因大致为：学生对技术的概念模糊；讲解示范不清楚；对技术动作的运行路线不了解；所学动作的难度较大；身体素质达不到完成某项技术的要求；身体疲劳；受旧技术的影响；学习时无信心；学习的兴奋性过低；教学方法不当等。

战术教学中产生错误的原因大致为：对战术概念不清楚；对完成战术的技术动作掌握不好；运用不恰当；战术意识不强；节奏掌握不好；战术运用和应变能力不强；教师讲解、示范、组织教法不当或教学进度较快等。

产生上述错误的原因不可能包含全部情况，教师要对具体的情况进行具体分析。对难以找出原因的错误要采用录像、生物力学分析等手段。只有正确地分析产生错误的原因，纠正错误才能更有针对性，效果才显著。

（三）纠正错误

1. 讲解示范法

通过对错误动作的讲解示范，纠正没有建立正确技术表象而产生的错误，讲解要生动形象，启发学生的思维。示范可以用分解、完整、慢速、正误动作对比等方法。

2. 变换法

对一些难度大的技术或战术，可以改变练习的方法，降低练习的难度，分解技术动作或改变练习的环境，使错误动作得到纠正。

3. 限制法

迫使学生按照教师的意图去完成技术或战术的运用，以达到纠正错误的目的。

4. 诱导法

采用辅助性或分解较为简单的练习手段，帮助建立正确技术的运动感觉。诱导法包括：语言诱导、模仿诱导、外力诱导等。

5. 鼓励法

鼓励法主要是纠正由恐惧心理而产生的错误。可以与变换法同时使用，降低练习难度，在学生完成难道较小的动作后予以鼓励和表扬，使他建立完成动作的信心，然后逐渐加大难度，使其完成技术或战术。

第四节　跆拳道教学文件的设计

教学文件是教师执行教学计划有目的、有步骤地工作的全过程。教学质量在某种程度上决定于教学文件设计的目的和任务是否明确、计划是否科学周密。因此，在教学实施之前，必须设计教学文件。

一、跆拳道教学大纲模式

教学大纲是根据课程方案及纲要形式制定的教学指导性文件，也是检查教学工作和评定教学质量的依据。其结构一般如下：

课程性质：××	选修课程：××
总学时：××	学分：××
实践学时：××	理论学时：××
开课学院：××	适用专业：××
大纲执笔人：××	大纲编写时间：××
教研室主任审核：××	教学院长审定：××

(一)课程的性质、地位和任务

本大纲是为运动训练专业学生开设的跆拳道理论与实践专业大纲。本课程的教学任务：通过四年在跆拳道运动理论与实践方面的不间断学习，全面提高跆拳道运动专项技术、战术、体能、心理训练水平，努力达到跆拳道国家一级健将标准；同时要增强学生的竞争意识、合作意识和职业道德意识，培养学生全面规范地学习现代跆拳道运动的技能，并能在科学研究、裁判工作、训练、比赛和跆拳道教学中熟练地运用与发挥。

(二)课程教学的基本要求

(1)本课程根据运动训练专业的培养目标所需要的基本理论和基本技能的要求，加强学生对跆拳道运动技术的示范性特点及教学技能能力的培养，在教学过程中教师应把“武德”教育贯彻始终，培养学生德才兼备、文武并进。

(2)使学生较全面系统地了解跆拳道专项理论知识、基本技术、基本技能。把培养学生理论和实践教学的能力放在重要位置，提高讲解熟练性，技术示范规范性，教学顺序严谨性。

(3)培养学生成为体育教育的专门人才和为体育事业奉献的意识。

(4)在整个教学过程中,根据教学进度布置一定量的课后作业,学生坚持课后复习是学好本门课程的关键。

(5)根据项目发展的情况,及时补充新的内容知识,必要时适当调整和更换教学内容。

(三)本课程的重点与难点

1. 第1—4学期

重点:继续进行专项能力的培养,按照"多能一专"的培养目标,在跆拳道运动中熟练掌握运动项目的基本规律,并努力提高跆拳道项目的竞技运动水平。

难点:按照高水平运动员的标准提高竞技水平。

2. 第5—8学期

重点:培养学生的竞争意识、合作意识和职业道德意识,使他们全面规范地掌握现代跆拳道运动技、战术,并能在训练、比赛中熟练地运用与发挥;系统学习跆拳道运动训练基本理论、基本知识和基本技能,掌握跆拳道运动队训练和管理工作的基本规律;对跆拳道竞赛工作的一般规律有一定了解,能组织比赛工作、承担裁判任务,从事跆拳道科学研究工作的基本能力。

难点:按照高水平运动队的标准提高学生教学管理水平,培养学生专业知识技能,掌握跆拳道运动技术的原理。

(四)教学大纲模式

实践、理论教学内容及课后作业题型分配

章目	教学内容	教学时数	教学方式或手段	课后作业
一	跆拳道概述	××	讲授	√
二	跆拳道教学的程序	××	讲授	√
三	跆拳道竞赛组织与裁判法	××	讲授(讨论)	
四	跆拳道比赛观摩、比赛录像	××	观摩(讨论)	
五	跆拳道论文的撰写	××	讲授(讨论)	√
六	跆拳道品式练习	××	实践	
七	跆拳道综合训练法	××	实践	
八	跆拳道脚靶训练法	××	实践	
九	跆拳道运动技术教学与训练	××	讲授(实践)	√
十	跆拳道运动战术教学与训练	××	讲授(实践)	√
十一	跆拳道护具训练法	××	实践	
十二	组合技术空击、踢击脚靶、护具和沙袋训练	××	实践	
	机动	××		
	合计	××		

实践、理论教学时数及周学时分配

专业课程	课程名称	学时数						计划开课学期和周学时								考核方式	
		计划学时数	周数	学分	其中			一	二	三	四	五	六	七	八	考试	考查
					讲授	实践	其它	15周	18周	18周	18周	18周	18周	9周	13周		
	跆拳道理论与实践																

(五)课件正文

第一章 跆拳道概述

【教学目的】

通过本章教学使学生对跆拳道运动的总体概念有一个全面的了解，明确学习的目的与任务，提出学习要求，端正学习态度。

【重点难点】

(一)跆拳道运动的概念与两种不同的属性；

(二)跆拳道运动的锻炼价值与分类；

(三)跆拳道运动的起源与发展；

(四)跆拳道功能课程教学任务、教学内容与要求。

【思考题】

(一)简述跆拳道的发展史?

(二)现代跆拳道的特点和作用是什么?

(三)怎样理解跆拳道运动的锻炼价值与分类?

第六章 太极八章

【教学目的】

通过本章教学使学生对跆拳道品式有一个全面的了解，能从事跆拳道品式教学。教师要让学生明确学习的目的与任务，提出学习要求。

【重点难点】

内容:品式学习:1—8章。

重点:动作规范、熟练掌握跆拳道品势练习要点(步法、格挡、手刀、腿法动作等)，以及跆拳道品式演练的全部内容。

难点:跆拳道品式演练的规范性、熟练性；以及品式教学的能力。

【思考题】

1. 跆拳道品式训练中应注意哪些问题?

2. 如何从事跆拳道品式教学?

(六)课程考试

实践环节名称	考核单元名称	考核内容	考核方法	考核标准	最低技能要求	负责人单位(人员)

(七)使用教材与教学参考书目

【使用教材】

…………

作者,《书名》,出版社,出版时间与版次

【教学参考书目】

1. …………

2. …………

3. …………

作者,《书名》,出版社,出版时间与版次

二、跆拳道教学进度表模式

教学进度是根据教学大纲的教学目标、内容和时数分配,把教学内容具体落实到每一节课的教学文件。

(一)编制教学进度的基本要求

(1)教学进度不是教材内容的简单分配,而是要遵循跆拳道教学规律和教学原则来编制。它应达到科学、合理、可操作性强的要求。

(2)编制教学进度也是教师业务能力和教学水平的综合体现。教师应深入研究和掌握跆拳道运动的基本规律，掌握跆拳道教学的基本理论，正确处理理论与实践、进攻与防守、重点与一般的关系。安排好理论与实践的比例、进攻与防守技战术教学的顺序,突出重点内容,带动一般内容,把能力培养贯彻到教学进度的全过程。

(3)跆拳道基本理论知识、基本技术与战术、基本技能是跆拳道教学的重点内容,在编制教学进度上应把他们放在突出的位置上,在教学时数上予以保证,在安排上反复出现,确保重点内容的掌握与提高。有些教学任务,如竞赛的组织管理、裁判能力的培养等,单靠课堂教学无法完成,须与课堂外教学活动结合,这一点应在教学进度表中加以说明。

(二)教学进度表格式

教学进度表

~ 学年 学期

开课单位:	课程名称:
课程性质:	学分:
总学时:	理论学时:
实践学时:	机动学时:
授课专业:	授课年级:
学生人数:	多媒体授课时数比例:
主讲教师:	职称:

填表日期: 年 月 日

校历周次	起讫日期	学时	教学进度安排(写明章、节、目)	教学形式	执行情况	备注
1				讲授( ) 实践( ) 讨论( ) 作业( ) 考核( )		
2				讲授( ) 实践( ) 讨论( ) 作业( ) 考核( )		
3				讲授( ) 实践( ) 讨论( ) 作业( ) 考核( )		
4				讲授( ) 实践( ) 讨论( ) 作业( ) 考核( )		
18				讲授( ) 实践( ) 讨论( ) 作业( ) 考核( )		
教研室主任签名: 年 月 日				教学院长签名: 年 月 日		

注:1. 本表经教研室审核后不得轻易变动,如有特殊情况必须作局部调整时,需经教研室同意,并在备注栏说明。

2. 多媒体教学和双语教学请在备注内注明。

三、跆拳道教案模式

教案是教师课堂教学的具体工作计划，是根据教学进度所规定的教学内容、教学对象和教学的基本条件设计的，是经过教师或教研室集体备课后形成的教学文件。

（一）教案的基本要求

（1）应根据教学进度的安排，制定本次课的教学内容，包括（一般内容、重点内容和复习内容），并明确提出课的任务，以便于总结和检查。

（2）根据课的任务，设计学生的运动负荷安排。

（3）在教学内容的安排上，使教学方法和练习形式具有连续性，制定教学计划还要考虑前后课次的联系和影响因素等。

（二）实践课教案的格式

<table>
<tr><td colspan="2">授课年级</td><td colspan="3">××级跆拳道</td><td>周次</td><td>××周</td><td>人数</td><td>××人</td></tr>
<tr><td colspan="2">授课时间</td><td colspan="3">××年×月×日</td><td>课时安排</td><td>××学时</td><td>指导教师</td><td>×××</td></tr>
<tr><td colspan="2">教材内容</td><td colspan="3"></td><td>教学任务</td><td colspan="3"></td></tr>
<tr><td rowspan="2">部分</td><td rowspan="2">时间</td><td colspan="2" rowspan="2">教学内容</td><td colspan="2">练习份量</td><td colspan="3" rowspan="2">组织与教法</td></tr>
<tr><td>组数</td><td>时间</td></tr>
<tr><td>开始部分</td><td>时间</td><td colspan="2"></td><td></td><td></td><td colspan="3"></td></tr>
<tr><td>准备部分</td><td>时间</td><td colspan="2"></td><td></td><td></td><td colspan="3"></td></tr>
<tr><td>基本部分</td><td>时间</td><td colspan="2"></td><td></td><td></td><td colspan="3"></td></tr>
<tr><td>结束部分</td><td>时间</td><td colspan="2"></td><td></td><td></td><td colspan="3"></td></tr>
<tr><td rowspan="3">场地布置</td><td rowspan="3">保护垫
小脚靶
护具</td><td colspan="7">运动负荷与心率曲线</td></tr>
<tr><td>平均心率</td><td></td><td rowspan="2">大 200
180
中 160
140
小 120
100
80
60</td><td colspan="4"></td></tr>
<tr><td>强度指数</td><td></td><td colspan="4">0 10 20 30 40 50 60 70 80 90 100 110 120
量：…………；　强度：————</td></tr>
<tr><td colspan="2">教学自评</td><td colspan="7">1.
2.
3.</td></tr>
</table>

四、跆拳道课的组织形式及依据

跆拳道课教学的组织形式及依据主要是结合教学大纲进行课堂教学，包括：实践课、理论课、观摩讨论课和实习课等。

实践课是通过不同的练习去完成跆拳道技战术的运用；理论课是通过讲授，向学生传播跆拳道运动的基本理论；观摩讨论课是通过技战术、教学训练课或观看比赛等，然后进行讨论来提高学生分析问题和解决问题的能力；实习课的目的是提高学生的教学能力、裁判能力，总结和讨论相结合。

（一）实践课组织形式及依据

1. 课前的准备工作

（1）要上好一节课，首先要熟悉教材，明确所授教材在《大纲》中的地位和《大纲》对教材的要求。要明确教材的主次关系、重点和难点。根据教学进度的安排，制定理解实践课的任务和目标，把握课的教法和教学的步骤等。

（2）了解班级情况。充分了解学生的情况是备课的前提，只有充分掌握学生的情况，才能使教学具有针对性，从而圆满完成课的任务。在所教学的班级中，一般是先了解学生人数、年龄、性别、健康情况、技术水平的状况等。另外，还要了解学生思想情况以及对过去教材的掌握程度，以便制定课的教学内容、完成教学的任务和训练中组织的方法等，正确的贯彻一般要求与个别对待相结合的教学安排。

（3）场地器材的准备和检查。

（4）编写教案。

2. 实践课的实施工作与训练的时间分配

跆拳道实践课一般由四个部分组成：开始部分、准备部分、基本部分、结束部分。这四个部分又是一个紧密联系的整体。因此，教师必须根据学生的实际情况和实践课的目的、任务、内容和组织教法的形式，选择适宜的练习手段，提出明确的要求。

（1）开始部分，占全部训练时间的5%左右。让学生明确课的主要任务，主要包括：整队、检查人数、处理见习生、讲解课的内容和思想动员等。

（2）准备部分，占全部训练时间的15%——20%左右。使学生的神经系统、内脏系统和各肌肉群迅速进入工作状态，适当兼顾身体素质和机能的发展，为基本部分的学习做好充分的准备。

一般包括以下内容：

① 准备部分按训练计划的内容安排分：主要有一般准备活动和专项准备活动。一般准备活动以有氧活动开始，然后在逐步提高工作强度，所采用的练习方

法较广泛，主要是促进身体各关节、肌肉群、内脏器官的适应性，达到适应基本部分训练为目的；专项准备活动可结合基本部分所安排的内容设计，有时采用的专项基本练习内容和练习强度可接近基本部分的要求。

②提高训练兴趣。使学生建立适宜的兴奋性，把注意力集中到训练课上来。教学的方法多采用游戏、口令变化等，但此项内容应根据训练的对象具体情况而选择适当的练习，每次课不能形式地照例安排此项内容。

(3)基本部分，占全部训练时间的70%——75%左右。教学的目的使学生掌握、改进、巩固和提高跆拳道技战术运用能力，发展身体素质，培养优良的意志品质和道德品质。

任务是：单一训练课内容简单、任务明确、时间集中、内容适中，适合较长时间的训练任务；综合训练课变化较为丰富，在安排上也较为复杂，在组织时要考虑各种训练内容练习之间的顺序和不同训练内容负荷的累积效应。在安排作用于同一机体系统的练习时，负荷应有波浪式的变化。

安排练习内容时，通常，在一次训练课中，要先进行技战术训练，后安排运动素质训练，动力安排在前，静力安排在后；学习技术安排在前，对抗实战安排在后。不同的练习内容穿插进行。

(4)结束部分，占全部训练时间的5%——10%左右。教学的目的是有组织的结束教学活动，它的主要任务是使学生的身体得到全面的放松。使人体参与用力的肌肉拉长和放松，并转入相对安静的状态，达到放松的效果。

结束部分组织的方法一般采用放松慢跑、按摩、平静的活动性游戏等。最后整队进行课后总结。同时还要总结本次课的得失，布置课外作业；最后整理场地和器材。

3. 课后总结工作

课后总结是调控教学的有效方法，一堂课的教学质量总的应从完成课的任务来衡量。课后总结经验教训，整理反馈信息，对下一次课的教学将起到十分关键的作用。怎样完成教学的任务？主要体现教师课前的准备及上课的一系列教学工作的安排。因此，分析总结课的质量时一般应从以下两个方面入手：

(1)分析教师课前的准备工作。是否掌握了学生的情况、课的时间分配、课的组织、教学的方法运用、教案和大纲的一致性、场地器材的准备情况等。

(2)分析教师在课上的运动量和运动强度的控制、训练内容的时间分配是否恰当、练习是否达到要求、学生训练的积极性、自觉性的调动情况等。

(二)理论课组织形式及依据

理论课一般在教室或(多媒体)教室里进行。依据教学大纲和教学进度进行课堂教学。在跆拳道教学中理论课虽然少于实践课，但是系统的理论讲授可以使学生在实践中获得的感性认识上升到理论，促进学生技战术水平和实际能力的提高。

教师要认真编写讲授提纲和讲稿，安排好每一个讲课的步骤，利用讲授、提问、讨论、答疑等形式，使理论课上的生动活泼。

（三）观摩讨论课形式及依据

观摩讨论课多在进行跆拳道比赛录像、规则裁判法、技战术分析、教法等教学时采用。依据教学大纲和教学进度进行实践教学。这种形式比较自由，可以发展学生的观察、分析能力，激发学生的创造性思维，提高学生的语言表达能力。

观摩讨论课前，可以是某次跆拳道比赛、比赛录像、技战术分析等，观摩中要求学生做笔记，及时记下自己的感想、体会、疑问等。

观摩讨论课后，要及时组织讨论，一般由教师作引导性发言，然后让学生围绕议题进行发言。讨论中要鼓励不同的意见，甚至可以展开争论。教师在讨论结束时做总结性发言，对讨论的问题和学生的讨论情况进行评述。

（四）实习课

实习课的目的是为了提高学生的教学能力，执裁能力和组织竞赛能力等。课前要指导学生做好充分的准备工作。对实习过程要做好观察记录，实习结束时要及时进行讲评，尤其要鼓励其他学生参与讲评和讨论。实习生要写出实习总结，这样有利于学生能力的提高。

思考题

1. 怎样理解跆拳道教学的原则？
2. 跆拳道教学的方法有几种？
3. 怎样理解跆拳道教学的三个环节？
4. 怎样理解跆拳道教学的文件设计？

第三章　跆拳道运动的技术教学

在竞技跆拳道实践中,由于每个参与者生理、心理、技战术条件不同,所以在完成同一个动作时,也必然会表现出不同的特点。基础教学中学生所掌握的技术越全面,运动技能越多,也就越有利于运动员在比赛中根据实际情况,使用有效的单个技术或组合技术。全面的技术训练也有利于发现运动员技术上的个人特点,并根据其自身特点进行个别技术的精雕细刻,发展个人的绝招,使之形成自己的技术风格。针对这种无规律的项目特点,了解、学习和掌握这些项目的发展趋势对我们科学地制定运动训练计划,并在训练实践中有效地发展运动员各种竞技能力,有着重要而又深远的意义。

第一节　跆拳道技术概述及分类

运动技术是指完成跆拳道技术动作的方法,是运动员竞技能力的重要因素。如果运动员完成的技术运动符合运动项目的要求,而且能够使得运动生理、心理能力得到很好的发挥,有助于运动员取得理想的竞技效果,他的技术就是合理的、正确的。反之,就是不合理的、不正确的,或不完全合理、不完全正确的。

一、技术分类

(一)按技术动作的结构分类

跆拳道技术在基本技术的基础上按照动作结构衍生出众多的各种技术体系,如将这些技术体系按其动作结构分类可分为:

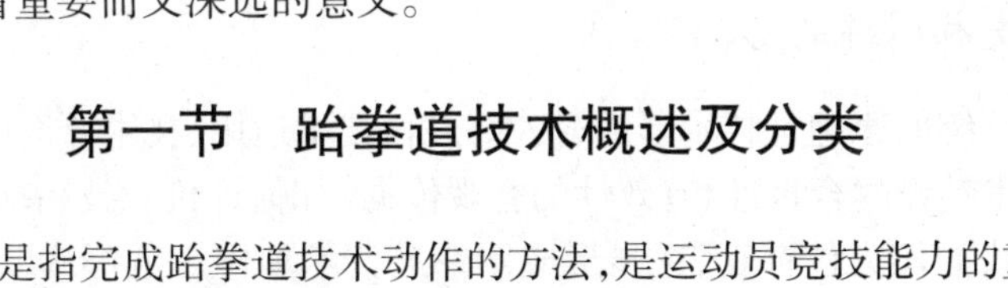

(二)按技术动作的功能分类

任何技术的产生其目的和作用是为了攻击对手而不被对手攻击,或是为了化解对手的进攻并对其进行技术反击。围绕这一目的选手根据自身条件的不同选择不同的技术进行运用，并对技术进行各自不同的变形，形成自己的技术风格。无论技术动作简单与复杂,按其功能可归纳分类如下：

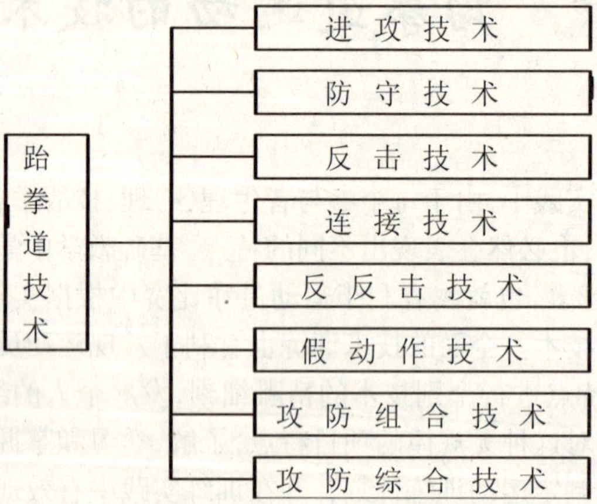

二、技术训练的原理

技术训练的原理是技术形成、技术分析、技术运用、技术研究的理论依据,也是衡量技术动作的合理性、有效性的客观依据。如何评价竞技跆拳道技术的合理性、有效性,如何去伪存真,逐步形成跆拳道技术动作规范可从以下四个方面进行分析。

(一)技术动作符合人体生物力学原理

我们知道,任何一个动作最合理的技术只有一种,对动作的合理性、有效性的正确判断,主要体现在攻击腿参与工作的肌群与支撑腿参与工作的主要肌群,是否符合人体生物力学原理。人体生物力学原理在跆拳道技术中主要体现在力量、力点、作用力、反作用力、合力、顺力、支点、力距等。要达到击中对方的有效得分部位,在诸多力学因素中要综合考虑。

(二)技术动作符合运动学原理

跆拳道运动是两人按照比赛的规则,运用踢、打及相应的防守进行直接对抗的一种运动形式，区分胜负主要根据击倒对手和明显击中对方得分部位来决定的。要想在相互攻防的激烈搏斗中,能够有效的击中、击倒对手,其动作必须符合运动学原理。主要表现在动作轨迹、动作速度、动作力量、动作节奏等方面。按运动原理还应该注意动作空间的动态变化特征,如:同一个动作击打头部和击打躯干进攻点的交叉运用,不同的方向、距离、角度和不同的姿势状态变化规律,正确处理直线动作与弧线动作的辨证关系等。

（三）技术动作符合技击学原理

跆拳道比赛中任何一个技术动作都不是万能的，既然能用于进攻，就必然能被对方用于防守或反击，因为，比赛双方都可以运用主动进攻或者是防守或防守反击。因此，技术运用时必须符合相生相克的技击原理。

（四）技术动作符合竞赛规则要求

跆拳道竞赛规则是规范竞赛行为，判定运动员胜负的准则。跆拳道技术动作除了符合运动生物力学、运动学原理、技击学原理外，还必须符合竞赛规则的要求，这是跆拳道体育竞赛性质所决定的。主要表现以下几个方面：

（1）竞赛规则规定后脑、颈部、裆部是禁击部位。再合理再有效的方法也不能攻击这些部位。

（2）从使用方法上来讲。跆拳道竞赛规则规定不准使用摔，拳击打头部，腿击打下肢等，无论这些方法的实用价值如何，按照竞赛规则规定，这些技术在比赛中是决不能使用的。技术动作的合理性、有效性必须遵循跆拳道竞赛规则的规定。

（3）从攻击部位上来讲。跆拳道竞赛规则规定除了禁击部位以外，所有的允许攻击的部位都是得分的技术。因此，跆拳道技术的运用，应随着竞赛规则的变化而变化，创造一些新的用法，不断扩大跆拳道技术运用的内涵。

综上所述，人体运动生物力学原理，运动学原理、技击学原理和竞赛规则的要求，共同组成了跆拳道技术训练原理。

三、技术训练的要素

（一）基本技术动作的要素：主要包括准备姿势、动作轨迹、动作时间、动作速度、动作力量、动作节奏等

身体姿势是指在动作过程中，身体及其部分所处的状态及身体某部位在空间所处的位置关系，也就是说在跆拳道比赛中，无论做何种技术都是从准备姿势开始的；

（1）动作轨迹是指完成动作身体或身体某部分身体所移动的路线，包括动作的顺序、运行路线、动作方向、动作幅度；

（2）动作时间是指完成基本技术动作（单个技术）所需的时间；

（3）动作速度是指单位时间内身体或身体某部位移动的距离。主要表现在完成技术动作的进攻、防守、反击、迎击等过程的快与慢；

（4）动作力量是指完成动作时身体或身体某部分克服阻力所用力的大小，是人体内外力作用的结果。内力是肌肉收缩的力、肌肉粘滞性产生的力及对抗肌的阻力等，外力主要是人体的重力、支撑反作用力、摩擦力、惯性力、离心力以及

外界阻力等;

(5)动作节奏是指完成动作过程中的时间特征,如技术动作用力的大小,动作幅度的大小,动作运用的快慢等,受综合性因素的影响。

(二)组合或综合技术训练的要素:主要包括动作娴熟、简单合理、衔接流畅、灵活多变、真假结合、强化比赛意识等

(1)动作娴熟:技术动作熟练是比赛中最优化运用技术的前提。有些运动员成绩不稳定,原因之一就是技术掌握得不熟练。只有熟练的掌握技术,才能在激烈、复杂的条件下有目的地运用各种组合技术。因此在平时训练中应很抓基本技术的规范性,严格按照动作的要求进行强化训练,尽量多的考虑比赛中将会出现的各种情形,要形成、储备大量的各种技战术动作组合,才能在瞬息万变、复杂无序的比赛中伺机而动。

(2)简单合理:技术动作的合理性主要体现在高效率上。跆拳道组合技术后撤接横踢反击的运动轨迹是: 直线后撤—直线提膝—支撑脚旋转—转髋—小腿由曲到伸侧向击打。优秀运动员后撤过程中直线提膝,而不是后撤过程中弧线提膝。原因在于后撤是破坏对手进攻技术动作,依靠直线提膝及支撑脚旋转小弧度形成横向击打。由于人体的结构特点,提膝走弧线时,技术动作反而要在运行时间上增多,达不到反击技术运用的目的。

(3)衔接流畅:比赛中运动员的技术水平越接近,比赛中给予运动员完成组合动作的时机、时间越短,空间越小,要减缓这种来自对手的限制有两条途径:一是在尽量短的时间内完成组合动作, 要学会在前一个动作最后一个环节时将第二个动作的所有准备工作完成,形成合理的启动速度和衔接速度;二是创造出相对长的时间和相对大的空间。尽量做到顺势在快速移动中完成技术动作。

(4)灵活多变:比赛中没有一成不变周而复始使用的技术动作组合,只有准确熟练地掌握基本技术的前提下,根据比赛时的不同条件随即应变地组合动作,才能创造性地完成攻防组合技术的运用。

(5)真假结合:在使用假动作时,首先要真假结合,真真假假扰乱对手的判断思维。因为双方在对峙中,均保持高度的警觉性,直接进攻往往不能取得预期的效果。利用假动作来调动、迷惑对手,是在运动中寻找进攻时机的方法之一。

(6)强化比赛意识:就技术动作而言,其规格大致上是一致的,但在比赛中运用得是否合理,取得的效果却截然不同。技术掌握再好,若不与专项意识结合,在比赛中就会无用武之地。例如,你平时训练中技战术运用较好,并不代表你在实战、比赛或疲劳状态下也能发挥你的技战术水平。因此,在训练中要加强实战意识的培养。

第二节　跆拳道训练的礼仪及要求

在跆拳道教学中进行严格的礼仪和行为规范的教育，是项目发展重要必修的内容。基本可概括以下几个方面：

一、学习跆拳道的要求

(1)“以礼始、以礼终”要贯穿于整个训练的过程；练习前，先向国旗敬礼，体现了爱国主义精神；教练与队员之间相互敬礼，体现出尊师爱生的崇高品德；练习前后，队员之间互相行礼，体现了互相学习、互相帮助、团结一致的集体主义精神。

(2)跆拳道的礼仪要表现在人的行为规范中。遇到老师或长辈要行礼问好；在训练场，从做姿到站姿都有一定的规范要求，对老师的指导、教诲要敬礼并立正聆听；在训练中，要向对方行礼，感谢对方为自己的训练付出的辛勤劳动；参加比赛要有向对方表示尊重和学习的心态，做到场上是对手，场下是朋友。只有树立谦虚的学习态度，才能够获得理想的人格和健康的体魄。

二、学习跆拳道的礼仪

(一)敬礼

身体成立正姿势站立，腰部前倾成30度，头部前倾成45度鞠躬敬礼，双手自然下垂置于体侧，神态自然。

(二)握手礼

双脚并立，右手手掌前伸，左手手掌置于大臂下，神态自然。

（三）坐姿

两脚交叉，盘坐于地上，抬头、挺胸、收腹，双手成自然拳置于双膝上，两轴内收自然下垂，两眼平视前方，神态自然。

（四）跨立

两脚开立，与肩同宽，两脚尖正对前方，抬头、挺胸、收腹，右手握拳，左手五指握住右手腕部置于身后腰部，两眼平视前方，神态自然。

第三节 跆拳道基本技术的教学与训练

竞技跆拳道基本技术简单易学，任何技术的变化、运用都是在基本技术的基础上发展、衍生而来的，因此，跆拳道在训练和比赛中，完成的技术越接近标准的模式要求，就说明运动员所掌握的技术越科学、越合理，技术水平就越高。掌握规范的技术动作，对提高竞技能力，在以后的比赛中创造优异的运动成绩具有重大意义。基本技术是跆拳道的基础与根本，是发展高、难、新技术，形成个人特长和绝招的基础。

一、实战姿势

实战姿势是进入比赛前的准备姿势，是使自己身体处于最有利于进攻、防守、反击和迎击的一种姿势。其作用使身体始终处于待发状态。

（一）实战姿势分类

跆拳道实战姿势也称准备姿势，是竞技跆拳道比赛中双方进入对抗前的基本站立姿势。它主要有三种类型：标准实战姿势、低位实战姿势、高位实战姿势。

标准实战姿势

低位实战姿势

高位实战姿势

(二)实战姿势教学

左脚在前称为左式,右脚在前称为右式,下面以左式为例进行讲解:

1. 动作过程

(1) 左脚或右脚向另一脚的前或后方迈出,两腿前后开立,略宽于肩。

(2)右拳握拳置于胸前,高度应距下额一拳左右,左拳置于腹前,同时两手半握拳,沉肩、两臂曲轴自然垂放,拳眼相对。

(3)左右脚脚跟同时抬起,离地约 2 厘米,左脚内扣约 45°斜向前方,右脚略偏右,上体自然直立约成 45°斜向右前方。眼睛平视前方,下颚微收。右站式动作相同,方向相反。

2. 易犯错误

(1)全脚掌着地,肌肉僵硬。

(2)膝关节未同时弯曲或无弹性。

(3)身体的重心前倾或后仰。

3. 纠正方法

(1)可在教练、同伴的帮助下进行纠正。

(2)面向镜子自我进行纠正。

(三)实战姿势站位

1. 闭式站位

双方运动员在实战中同时以左式站立或者是同时以右式相对站立的状态,称为闭式站位。

2. 开式站位

双方运动员在实战中分别出现一方左式站立、一方右式相对站立的状态,称为开式站位。

二、基本步法

步法是指在实战姿势站立后，向不同方向移动的方法。是维持身体平衡，配合拳法、腿法等技术动作快速击打或防守反击时移动身体、调整实战距离的一种衔接技术。其主要作用是保持身体重心调控最佳攻击距离。

(一)前滑步

1. 动作过程

准备姿势站立，右脚掌用力蹬地，左脚掌轻擦地面，向前滑行 10—20 厘米，右脚随机跟上相同的距离。

2. 动作要点

前滑要稳，重心起伏不宜过大，滑行后保持平衡，处于一种弹性状态。

3. 实战运用

快速接近对方，主要调整与对手之间的实战距离。

(二)后滑步

1. 动作过程

准备姿势站立，左脚掌用力蹬地，右脚掌向后滑行 10—20 厘米，左脚掌后滑同等的距离。

2. 动作要点

后滑要稳，重心起伏不宜过大，滑行后保持平衡，处于一种弹性状态。

3. 实战运用

快速后退与对方拉开距离，主要调整与对手之间的实战距离。

(三)上步

1. 动作过程

基本姿势站立，以左脚掌为轴，脚尖外展，右脚蹬地向前沿直线上步，成右实战姿势站立。

2. 动作要点

拧腰转髋，上步要快。两臂在体侧自然上下移动，重心不要上下起伏。

3. 实战运用

上步时,常用于逼迫对方后撤,或用假动作引诱对方进攻。

(四)撤步

1. 动作过程

基本姿势站立，以右脚掌为轴内旋约 90°,左脚沿直线向后撤步,成右实战准备姿势。

2. 动作要点

借助左脚蹬地的反弹力，迅速转体,后撤左脚。

3. 实战运用

用于闪躲对手的进攻，或在退步时,用于引诱对方进攻。

(五)冲刺步

1. 动作过程

基本姿势站立,后脚向前上半步,放于左脚的前侧，左前脚迅速向前跨进一步,身体稳定。

2. 动作要点

后脚先发动，前脚借住惯性向前移动。

3. 实战运用

迅速接近对手。

(六)跳换步

1. 动作过程

基本姿势站立,双脚同时蹬地,身体有轻微腾空感，双脚沿直线前后交换,落地成右脚在前,左脚在后。

2. 动作要点

换步动作迅速，重心起伏不可过大。

3. 实战运用

调整实战姿势。

（七）击步

1. 动作过程

以左架为例，右脚向前方移动到左脚后跟时，左脚快速向前向上提起，两脚的动作要连续一次性完成，左实战姿势快速接近对方。

2. 动作要点

（1）步法要小，一直控制在自己重心不远的地方。

（2）速度要快，在最短的时间达到自己的距离，以便发起猛烈的攻击。

3. 实战运用

迅速接近对手，连接横踢、下劈等技术。

（八）侧移步

1. 动作过程

左架基本姿势站立，右脚蹬地，左脚向左侧移步，右脚同时向左侧移步随之跟上，快速还原成实战姿势。（右架方向相反，动作相同。）

2. 动作要点

移动要迅速，身体放松。

3.实战运用

调整实战姿势。

三、基本腿法

腿法在竞技跆拳道比赛中约占80%左右，它主要包括：踢、劈、旋、摆、踹、蹬等各种结构的腿法，腿的技术又有很多种形式，可高可低，可近可远，可左可右，可转可旋，对人的威胁力极大。比赛规则中规定，只允许使用一种拳的方法进攻或反击，而且得分率极低，这无疑增加了运动员腿法的使用率，也构成了跆拳道运动的鲜明特点。

（一）前踢

是学习横踢的基础，在品式中常被使用。

1. 动作过程

（1）从左势准备姿势开始，右脚蹬地重心前移至左脚。

（2）左脚支撑，右脚蹬地屈膝，上提膝关节，上体略后仰。

(3)左脚以脚掌为轴外旋约90°,同时,右腿迅速伸膝向前上踢击,力达脚面。

(4)踢击目标后小腿快速放松回收,左脚落回成右势准备姿势。

2. 动作要点

(1)提起右膝,躯干可稍向后倾,髋部则尽量向上向前送膝关节走直线弹踢小腿。

(2)小腿弹出后,在弹直的一刹那,要有一个制动的过程,使脚面产生击打的力度。

3. 易犯错误

(1)提膝时没有直线,出腿直腿上撩。

(2)支撑脚没有积极配合髋部的转动。

4. 练习的方法

(1)两人一组,交替进行前踢练习。

(2)逐渐提高前踢的高度和远度。

(3)左右架交替练习。

(4)空动作练会后,两人进行脚靶配合练习。

(二)横踢

横踢分前、后两种,是跆拳道比赛中使用率最高的技术动作。

1. 前腿横踢动作过程

(1)从左势准备姿势开始,右腿击步提左膝。

(2)提起左膝同时髋部略向右转,膝盖朝前,大小腿折叠,脚踝放松。

(3)右支撑脚外旋,膝盖朝向右侧,左脚下动不停,快速弹踢出小腿,脚面绷直。

(4)击打后,小腿放松回收。

(5)左脚自然落下,还原成准备姿势。

2. 前腿横踢动作要点

(1)提起左膝时,躯干可稍向右转,髋部则尽量向前送,膝关节走直线略向右

转髋。

(2)在弹踢小腿时要有一个制动的过程,使脚面产生击打的力度。

3. 前腿横踢易犯错误

(1)上体后仰过多,失去平衡。

(2)提膝时没有直线出腿。

(3)支撑脚没有积极配合髋部的转动。

4. 前腿横踢练习的方法

(1)分解练习,先直线转髋提膝,在完整练习。

(2)逐渐提高横踢的高度和远度。

(3)两人一组,交替进行移动前横踢练习。

(4)空动作练会后,两人进行脚靶配合练习。

5. 前腿横踢战术训练的方法

(1)甲乙双方闭式战位,乙方原地换位时甲立即使用前横踢突然击打对方胸部或头部。

(2)甲乙双方闭式战位,乙方前滑步准备进攻时,甲立即使用前横踢迎击。

(3)甲乙双方闭式战位,乙方后横踢进攻,甲快速后撤一步,随即使用前横踢反击乙方。

(4)甲乙双方开式战位,甲方直接使用前横踢击打乙方的头部。

6. 后腿横踢动作过程

(1)从左势准备姿势开始,右脚掌蹬地,重心移至左脚。

(2)大小腿折叠,向上向前提膝,以左脚掌为轴旋转大于 180°,右膝盖朝向左侧,膝关节向前提至水平状态。

(3)下动不停,右脚快速弹踢出小腿。

(4)击打后,小腿放松回收。

(5)右脚自然落下成右准备姿势。

7. 后腿横踢动作要点

(1)提起右膝时,大小腿之间要折叠,膝关节走直线弹踢小腿。

(2)弹踢的一瞬间,肩、髋、膝、踝各关节形成一条直线。

(3)在弹直的一刹那,要有一个制动的过程,使脚面产生击打的力度。

8. 后腿横踢易犯错误

(1)大小腿没有折叠,没有直线提膝。

(2)左脚没有积极配合提膝转髋的移动,支撑脚太死。

(3)小腿弹出后,没有制动的过程。

9. 后腿横踢练习的方法

(1)两人一组,交替进行后横踢练习。

(2)逐渐提高后横踢的高度和远度。

(3)左右架交替练习。

(4) 空击动作练会后,两人进行脚靶配合练习。

(5)两人穿护具配合练习,一方站立,一方击打。

10. 后腿横踢战术训练的方法

(1)在对方原地换位的一刹那横踢进攻。

(2)在对方上步时横踢进攻。

(3)用身体的晃动调动对方,在对方后撤一步时使用横踢。

(4)在对方使用下劈进攻时,我方横踢反击。

(三)后踢

是跆拳道比赛中常用技术动作,可用于进攻与反击,主要以反击为主。

1. 动作过程

(1)左架站立,重心移至左脚。

(2)以左脚掌为轴,左脚跟外旋 180° ,回头转身团体,身体向右后方转动,同时提起右大腿,使大小腿折叠,脚踝放松。

(3)右脚用力向攻击目标直线踢出。

(4)击打后,右脚自然回收落下成右准备式。

2. 动作要领

(1)身体右后方向转动时,要回头转身团体—提膝—蹬腿压右肩—动作直线踢击一次完成,不能停顿。

(2)击打目标是正前方,力点向前。

3. 易犯错误

(1)转体大小腿不折叠,直腿往上撩。

(2)转身未团体、后踢动作不连贯。

(3)转身两腿未夹紧,转身展胯走弧线。

4. 练习的方法

(1)开始学习时可手扶支撑物,体会转身、提膝、后蹬的感觉。

(2)完整技术练习时,逐渐提高后踢的高度和远度,左右架要交替进行。

(3)同伴手持小脚靶或护具进行练习。

(4)两人一组,同伴配合穿护具,练习后踢迎击或反击。

5. 战术训练的方法

(1)在对方横踢进攻时用后踢迎击或反击。

(2)用假动作调动对方出腿,趁对方进攻时用后踢反击。

(3)在对方使用进攻动作时均可使用后踢反击。

(四)下劈腿

是跆拳道独具特色的技术之一,它主要为对手靠近我时设计的一项攻击方法。

1.动作过程

(1)左架站立,重心移至左脚,右脚蹬地向上提起右大腿,同时右腿以髋关节为轴屈膝上提,两手握拳置于胸前;略转髋向上向前送髋,使右腿膝盖与胸部尽量贴近。

(2)右小腿以膝关节为轴向上伸直,将右腿直举于体前,右脚过头。

(3)然后向前向下以右脚后跟(或脚掌)用力劈下。

(4)击打后,右脚自然落下成右准备式。

2. 动作要点

(1)劈腿是快速由上向下快速砸击。腿尽量超过对手的头部。

(2)达到高度要向前展髋,以脚跟或脚前掌击打目标。

3. 易犯错误

(1)起腿不高,出腿太慢。

(2)下劈时,腿控制不好,落地太重。

4. 练习的方法

(1)开始练习时可扶物体进行提膝、上举腿或完整踢击辅助练习。

(2)劈腿技术动作完整空击练习。

(3)左右腿进行交替练习。

(4)空动作练会后,两人进行固定靶和移动靶的练习。

5. 战术训练的方法

(1)在对方使用横踢进攻时用下劈迎击。

(2)靠步法移动近距离使用下劈技术。

(3)用横踢调动对方,在用下劈反击。

(五)后旋踢

1. 动作过程

(1)左架站立,两脚以两脚掌为轴,均向内旋 180°,两腿交叉。

(2)身体随之右转 180°度,上体右转与双脚拧成一定的角度,逆前方踢出,用右脚踢时。身体向右转,既右脚越过左脚,然后身体在转动,踢击右侧目标。

(3)击打后,右脚自然回落还原成准备姿势 。

2. 动作要点

(1)转身、旋转、摆踢腿一气呵成。

(2)击打点应在正前方,成水平弧线。

(3)屈膝、提腿的旋转速度要快,重心在原地旋转 360°。

3. 易犯错误

(1)右脚的转动与旋转踢腿的动作不协调。

(2)击打力点不准确。

4. 练习的方法

(1)开始练习时可扶物体进行转体、摆踢腿练习。

(2)后旋踢技术动作完整空击练习。

(3)左右腿进行交替练习。
(4)空击动作练会后,两人进行固定靶和移动靶的练习。
5. 战术训练的方法
(1)在对方横踢进攻时用后旋踢反击。
(2)在对方劈腿进攻时用后旋踢反击。
(3)在对方前横踢进攻时用后旋踢反击。

(六)推踢

1. 动作过程
(1)左架站立,右脚蹬地屈膝上提。
(2)左脚以脚掌为轴外旋 180°,脚掌正对前方。
(3)右脚快速向前方由屈到伸直线踢出,力点在脚掌。
(4)击打后收腿、肌肉放松,重心向前落下,恢复为准备姿势。

2. 动作要点
(1)起腿后重心向前平推。
(2)转动左脚前掌,右脚由屈到伸,发力协调,不得停顿。
(3)大小腿直线踢出,直线收回。
3. 易犯错误
(1)直腿推踢。
(2)小腿没完全伸展,大小腿没有能成一条直线。
(3)踢击时上体往后移,分散了攻击的力量。
4. 练习的方法
(1)可手扶物体进行提膝、转髋练习。
(2)推踢技术动作完整空击练习。
(3)左右腿进行交替练习。
(4)空击动作练会后,两人进行固定靶和移动靶的练习。

5. 战术训练的方法

(1)乙用横踢时,甲用推踢阻击。

(2)甲用横踢进攻对方,对方后撤后反击,自己则立即用前腿推踢阻击。

(3)用下劈进攻对方,对方后撤后反击,自己则立即用前腿推踢阻击。

(4)先用横踢进攻对方,对方后撤后反击,自己方则立即用前腿推踢阻击。

(七)旋风踢

1. 动作过程

(1)左架站立,以左脚前掌为轴脚后跟外旋,身体右后旋 360°,右腿也随着向后转动。

(2)身体稍后仰,右腿下落的同时使用左脚快速向前踢出。

(3)击打目标后快速收回小腿,恢复实战姿势。

2. 动作要点

(1)转体、落地、踢击、制动、回收一气呵成,动作连贯。

(2)右腿向后转动时围绕左腿转动,两大腿内侧之间的距离不应过大。

3. 易犯错误

(1)左脚没有积极配合身体的转动,左脚用脚后跟转动。

(2)左脚击打时脚面没有绷直。

(3)转体时身体后仰过大,重心过于下蹲。

4. 练习的方法

(1)先练转体,熟练后再练转体起腿横踢一气呵成。

(2)左右腿进行交替练习。

(3)空击动作熟练后,两人进行固定靶和移动靶的练习。

(4)两人穿护具配合练习,一方站立,一方击打。

5. 战术训练的方法

(1)在对方原地换位的一刹那旋风踢进攻。

(2)用身体的晃动调动对方,在对方后撤步时使用旋风踢。

(八)双飞踢

1.动作过程

(1)左架站立,先由右腿踢出一个横踢动作。

(2)然后在右脚回落的刹那,左脚再迅速踢出一个横踢动作。

(3)击打后,左脚自然落下还原成左势准备姿势。

2. 动作要点

(1)左右转髋要快,两腿交替要衔接,中间没有停顿。

(2)击打点应在身体的左右两肋处。

3. 易犯错误

(1)右脚落地后在起左腿,形成左右腿的连贯脱节。

(2)身体重心过于后仰,两腿未走直线。

(3)击打力点不准确及力度不够。

4. 练习的方法

(1)先做原地左右转髋练习,熟练后逐渐提高高度。

(2)双飞技术动作完整空击练习。

(3)空击动作练会后,两人进行固定靶和移动靶的练习。

5. 战术训练的方法

(1)步伐压位迫使对方后退,再用双飞踢进攻。

(2)先用假动作迫使对方后退,再用双飞踢进攻。

(3)乙方原地换位的一刹那,甲方立即使用双飞踢进攻。

四、基本拳法

拳法在竞技跆拳道比赛中不允许击打头部,只允许用拳的正面进行击打髋关节以上和锁骨以下护具包裹的部位。拳法的得分率和杀伤力几乎为零。

但是规则规定，当两人紧贴在一起时，不允许推拉对方，如想摆脱对手，可采用直拳击打对方的胸腹部，产生一定的距离，在进行攻击对方；也可采用手臂格挡，拳法进攻技术或作为两个技术动作之间的衔接过渡技术。主要分为左右手正拳。

（一）左正拳击打

1. 动作过程

实战姿势站立，合髋转腰，左拳大臂催动小臂直线向前冲出，冲拳的同时右臂做下格挡动作。

2. 动作要点

移动、击打一气呵成，中间没有停顿。

（二）右正拳击打

1. 动作过程

实战姿势站立，合髋转腰，右拳大臂催动小臂直线向前冲出，冲拳的同时左臂做下格挡动作。

2. 动作要点

移动、击打一气呵成，中间没有停顿。

五、防守技术

进攻与防守是相生相克互相矛盾的，从得分和不失分的角度来看，它与进攻技术同样重要。一名高水平运动员除了要掌握娴熟的进攻技术外，还要掌握熟练的防守技术。如果在得分的同时又能很好的防守住对方的进攻并能抓住机会反击或迎击，获胜的把握就更大一些，防守主要分为接触式防守和非接触式防守：

接触式防守包括两种形式，即格挡防守和迎击防守，非接触式防守主要是根据对方的技术动作进行步法移动防守。

（一）防守技术的动作方法

1. 利用格挡的方法进行防守

当对手进攻速度较快，自己已来不及使用躲闪、贴近等方法，可以用

格挡直接防守；已经预测到对手使用的技术，使用针对性的格挡时为了迅速作出反击动作，使格挡成为转化攻防的连接技术，为比赛得分创造条件。

2. 利用躲闪、贴近等方法进行防守

当对手直接进攻时，自己向后、左或右两侧闪躲，利用移动躲闪使对方的进攻动作落空，移动的同时也可以使用横踢、后踢、后旋踢或劈踢腿反击对方；

自己第一次进攻后双方距离较近，或为了控制对方的反击动作时，所采用贴近战术。

3.利用进攻动作进行迎击防守

当对手进攻的同时，防守者根据对方的身体移动也直接运用动作进行迎击，即以攻代防。

六、基本技术的教学与建议

（一）基本技术的教学

（1）首先要使学生了解规范的腿法技术动作要点，形成正确的动力定型。在初学阶段，教师重点进行示范教学，使学生掌握动作练习的方法和身体协调用力的部位，及时发现并纠正错误，让学生形成正确规范的腿法技术动作。

（2）突出重点，带动一般，合理安排，共同提高。教学中，应以原地练习和固定练习为基础，利用技能转移规律，带动其他移动技术练习为突破，利用实战或比赛检验训练成果。

（3）根据各种技术的内在联系，按照循序渐进的原则进行教学。

（4）各种技术的教学与训练，要结合器械练习，提高学生技术运用能力和应变能力。

（二）基本技术教学的建议

（1）教学与训练中，要合理安排练习的密度和强度，加强对学生的心理训练，不断提高腿法技术的规范性，击打目标的准确性。

（2）根据现代跆拳道运动的“对抗”特点，在学生掌握正确的技术动作的同时，要安排条件对抗，提高学生对抗情况下运用腿法的能力，强化学生在高强度对抗下运用技术的能力。

思考题

1. 如何理解跆拳道礼仪与修养?
2. 跆拳道技术训练中应注意哪些问题?
3. 各种基本技术的动作要领、易犯错误和纠正方法有哪些?
4. 跆拳道教学中要注意哪些问题?

第四节 跆拳道组合技术教学与训练

组合技术是运动员根据比赛中攻防情况的变化，将两个以上的技术动作编串在一起运用的方法。它是由步法、进攻技术、防守技术、反击技术、迎击技术及假动作等基本技术构成,根据实战的需要串联组合而成。大量比赛实践证明:现今跆拳道比赛,运动员的水平越来越接近,进攻的同时要考虑到防守,防守对方动作时要有进攻的准备。使用单个技术动作，往往会被有经验的选手化解或反击。为了战胜对手,就必须在熟练掌握单个技术的基础上,掌握一些组合技术,使对手在短时间内很难适应我方的打法。当然这些组合动作也不是一成不变的,运动员在比赛中要根据赛场上的具体情况,灵活多变的运用组合技术,使对手摸不清自己技术动作的规律,借以达到出奇制胜的目的。

另一方面,进行技术动作组合时,必须要考虑它的合理性:第一,第一次进攻多半是为第二次攻击服务的,既有试探性和调控距离的作用,又可为第二次打击做准备;第二,组合技术的运用能打破僵持的局面;第三,组合技术的运用要考虑攻中有防,防中有攻;第四,组合技术的结合要考虑技术动作的实用性。

一、组合技术的目的和任务

(一)组合技术训练的目的

贯彻“健康第一”的指导思想,运用跆拳道这一特殊的身体活动形式来增强学生身体素质,提高学生组合技术水平,促进健康发展,培养“终身体育的观念”。使他们在德、智、体、美、劳等方面全面发展,成为社会主义事业未来的合格建设者与保卫者。

(二)组合技术训练的任务

1. 培养团队精神和提高社会交往能力

团队精神和提高社会交往是现代人对人类活动的最基本要求。跆拳道实践课不仅要教会学生通过身体活动发展人的自然属性，而且还要通过与他人的交往发展人的社会属性,增强个人与社会交往的能力,同时形成个人是社会大家庭的一个微小的组成部分，任何事业的成功除了个人努力之外，必须发扬团队精神，善于与社会其他成员合作的观念。

2. 学习和掌握跆拳道组合技术

通过跆拳道组合技术练习，如身体素质、专项素质、专项力量、小脚靶技术、护具技术、攻防转化等，能不断提高学生的专项技能，在训练中体验成功带来的乐趣和魅力。从而养成通过跆拳道运动来培养自觉锻炼的习惯和自我锻炼的能力。为“终身体育观念”的建立创造条件。

3. 提高技能，增强体质

通过跆拳道实践课，提高学生的身体素质，促进其动作的连贯性、柔韧性、灵敏性、协调性等不断提高，从而增强其体质，提高其人体对外界环境变化的适应和抵御疾病侵袭的能力，为学生顺利完成学业提供有力的保证。

二、组合技术的内容

组合技术分前腿组合技术和后腿组合技术两方面。组合技术的训练可采用空击、踢打脚靶、条件实战、护具和沙袋等方法进行巩固和提高组合技术练习。

（一）前腿组合技术练习

1. 前横踢技术动作组合

（1）第一分动作是，前腿横踢进攻→格挡进身。

练习方法：从准备姿势开始，直接前腿横踢进攻对方，落地后用手格挡对方的反击动作；也可两人配合，踢击脚靶、护具。

训练要求：进攻与格挡近身衔接要快，动作协调，要有实战意识。

（2）第二分动作是，前腿横踢进攻→前横踢进攻。

练习方法：从准备姿势开始，空击或打沙袋直接起前腿横踢两次进攻组合；也可两人配合，踢击脚靶、护具。

训练要求：前腿横踢进攻衔接要快，动作协调，要有实战意识。

（3）第三分动作是，前腿横踢进攻→后横踢进攻。

练习方法：从准备姿势开始，使用组合技术进行空击或打沙袋练习；也可两人配合，踢击脚靶、护具。

训练要求：前腿横踢与后横踢进攻衔接要快，动作协调，要有实战意识。

（4）第四分动作是，前腿横踢进攻→后下劈进攻。

练习方法：从准备姿势开始，使用组合技术进行空击或打沙袋练习；也可两人配合，踢击脚靶、护具。

训练要求：前腿横踢与后下劈进攻衔接要快，动作协调，要有实战意识。

2. 前横踢反击动作组合

(1)第一分动作是,后横踢进攻→后滑步→前腿横踢反击。

练习方法:从准备姿势开始,使用组合技术进行空击或打沙袋练习;也可两人配合,踢击脚靶、护具。

训练要求:进攻后滑步与反击衔接要快,动作协调,要有实战意识。

(2)第二分动作是,前腿横踢进攻→后滑步→前腿横踢反击。

练习方法:从准备姿势开始,使用组合技术进行空击或打沙袋练习;也可两人配合,踢击脚靶、护具。

训练要求:后滑步与反击衔接要快,动作协调,要有实战意识。

(3)第三分动作是,前下劈进攻→后滑步→前腿横踢反击。

练习方法:从准备姿势开始,使用组合技术进行空击或打沙袋练习;也可两人配合,踢击脚靶、护具。

训练要求:后滑步与反击衔接要快,动作协调,要有实战意识。

(4)第四分动作是,前腿双飞踢进攻→后滑步→前腿横踢反击。

练习方法:从准备姿势开始,使用组合技术进行空击或打沙袋练习;也可两人配合,踢击脚靶、护具。

训练要求:后滑与反击衔接要快,动作协调,要有实战意识。

3. 前高横踢进攻技术组合

(1)第一分动作是,前高横踢进攻对方的头面部→后横踢进攻。

练习方法:从准备姿势开始,使用组合技术进行空击或打沙袋练习;也可两人配合,踢击脚靶、护具。

训练要求:进攻衔接要快,动作协调,要有实战意识。

(2)第二分动作是,前高横踢进攻对方的头面部→前下劈阻击。

练习方法:从准备姿势开始,使用组合技术进行空击或打沙袋练习;也可两人配合,踢击脚靶、护具。

训练要求: 进攻衔接要快,动作协调,要有实战意识。

(3)第三分动作是,前高横踢进攻对方的头面部→前腿横踢进攻。

练习方法:从准备姿势开始,使用组合技术进行空击或打沙袋练习;也可两人配合,踢击脚靶、护具。

动作要点:进攻衔接要快,动作协调,要有实战意识。

(4)第四分动作是,前高横踢进攻对方的头面部→后下劈进攻。

练习方法:从准备姿势开始,使用组合技术进行空击或打沙袋练习;也可两人配合,踢击脚靶、护具。

训练要求:进攻衔接要快,动作协调,要有实战意识。

4. 前高横踢反击动作组合

(1)第一分动作是,前腿下劈进攻→后滑步→前高横踢反击。

练习方法:从准备姿势开始,使用组合技术进行空击或打沙袋练习;也可两人配合,踢击脚靶、护具。

训练要求:进攻后后滑步与反击衔接要快,动作协调,要有实战意识。

(2)第二分动作是,前腿横踢进攻→后滑步→前高横踢反击。

练习方法:从准备姿势开始,使用组合技术进行空击或打沙袋练习;也可两人配合,踢击脚靶、护具。

训练要求:进攻后后滑步与反击衔接要快,动作协调,要有实战意识。

(3)第三分动作是,后横踢进攻→后滑步→反击前高横踢。

练习方法:从准备姿势开始,使用组合技术进行空击或打沙袋练习;也可两人配合,踢击脚靶、护具。

动作要点:进攻后后滑步与反击衔接要快,动作协调,要有实战意识。

(4)第四分动作是,后下劈进攻→后滑步→反击前高横踢。

练习方法:从准备姿势开始,使用组合技术进行空击或打沙袋练习;也可两人配合,踢击脚靶、护具。

训练要求:进攻后后滑步与反击衔接要快,要有实战距离。

5. 跳劈进攻技术组合

(1)第一分动作是,后横踢进攻→进攻前跳劈。

练习方法:从准备姿势开始,使用组合技术进行空击或打沙袋练习;也可两人配合,踢击脚靶、护具。

训练要求:进攻与进攻衔接要快,动作协调,要有实战意识和距离。

(2)第二分动作是,前横踢进攻→进攻前跳劈。

练习方法:从准备姿势开始,使用组合技术进行空击或打沙袋练习;也可两人配合,踢击脚靶、护具。

动作要点:进攻与进攻衔接要快,动作协调,要有实战意识和距离。

(3)第三分动作是,前侧踢进攻→进攻前跳劈。

练习方法:从准备姿势开始,使用组合技术进行空击或打沙袋练习;也可两人配合,踢击脚靶、护具。

训练要求:进攻与进攻衔接要快,动作协调,要有实战意识和距离。

(4)第四分动作是,进攻前跳劈→前横踢进攻。

练习方法:从准备姿势开始,使用组合技术进行空击或打沙袋练习;也可两人配合,踢击脚靶、护具。

训练要求:进攻与进攻衔接要快,动作协调,要有实战意识和距离。

(5)第五分动作是,进攻前跳劈→后横踢进攻。

练习方法:从准备姿势开始,使用组合技术进行空击或打沙袋练习;也可两人配合,踢击脚靶、护具。

训练要求:进攻与进攻衔接要快,动作协调,要有实战意识和距离。

6. 前下劈反击动作组合

(1)第一分动作是,前横踢进攻→后滑步→前下劈反击。

练习方法:从准备姿势开始,使用组合技术进行空击或打沙袋练习;也可两人配合,踢击脚靶、护具,条件性实战。

训练要求:进攻后后滑步与反击衔接要快,动作协调,要有实战意识和距离。

(2)第二分动作是,后横踢进攻→后滑步→反击前下劈。

练习方法:从准备姿势开始,使用组合技术进行空击或打沙袋练习;也可两人配合,踢击脚靶、护具,条件性实战。

训练要求:进攻后后滑步与反击衔接要快,要有实战意识和距离。

(3)第三分动作是,后下劈进攻→后滑步→反击前下劈。

练习方法:从准备姿势开始,使用组合技术进行空击或打沙袋练习;也可两人配合,踢击脚靶、护具,条件性实战。

动作要点:进攻后后滑步与反击衔接要快,要有实战意识和距离。

(4)第四分动作是,进攻前跳劈→反击前下劈。

练习方法:从准备姿势开始,使用组合技术进行空击或打沙袋练习;也可两人配合,踢击脚靶、护具,条件性实战。

训练要求:进攻后后滑步与反击衔接要快,要有实战意识和距离。

7. 前腿侧踢进攻技术组合

(1)第一分动作是,前腿侧踢→前腿横踢进攻。

练习方法:从准备姿势开始,使用组合技术进行空击或打沙袋练习;也可两人配合,踢击脚靶、护具。

训练要求:进攻与进攻衔接要快,动作协调,要有实战意识和距离。

(2)第二分动作是,前腿侧踢→后横踢进攻。

练习方法:从准备姿势开始,使用组合技术进行空击或打沙袋练习;也可两人配合,踢击脚靶、护具。

训练要求:进攻与进攻衔接要快,动作协调,要有实战意识和距离。

(3)第三分动作是,前腿侧踢→后腿下劈进攻。

练习方法:从准备姿势开始,使用组合技术进行空击或打沙袋练习;也可两人配合,踢击脚靶、护具。

训练要求:进攻与进攻衔接要快,动作协调,要有实战意识和距离。

(4)第四分动作是,前腿侧踢→前腿下劈阻击。

练习方法:从准备姿势开始,使用组合技术进行空击或打沙袋练习;也可两人配合:踢击脚靶、护具。

训练要求:进攻与阻击衔接要快,动作协调,要有实战意识和距离。

8. 前腿侧踢反击技术组合

(1)前腿双飞踢进攻→后滑步→前腿侧踢反击。

练习方法:从准备姿势开始,使用组合技术进行空击或打沙袋练习;也可两人配合,踢击脚靶、护具,条件性实战。

训练要求:进攻后后滑步与反击衔接要快,要有实战意识和距离。

(2)前腿横踢进攻→后滑步→前腿侧踢反击。

练习方法:从准备姿势开始,使用组合技术进行空击或打沙袋练习;也可两人配合,踢击脚靶、护具,条件性实战。

训练要求:进攻后后滑步与反击衔接要快,要有实战意识和距离。

(3)后腿横踢进攻→后滑步→前腿侧踢反击。

练习方法:从准备姿势开始,使用组合技术进行空击或打沙袋练习;也可两人配合,踢击脚靶、护具,条件性实战。

训练要求:进攻后后滑步与反击衔接要快,要有实战意识和距离。

(4)后腿下劈进攻→后滑步→前腿侧踢反击。

练习方法:从准备姿势开始,使用组合技术进行空击或打沙袋练习;也可两人配合,踢击脚靶、护具,条件性实战。

训练要求:进攻后后滑步与反击衔接要快,要有实战意识和距离。

9. 前腿双飞踢进攻技术组合

(1)前横踢进攻→前腿双飞踢进攻。

练习方法:从准备姿势开始,使用组合技术进行空击或打沙袋练习;也可两人配合,踢击脚靶、护具,条件性实战。

训练要求:进攻与进攻衔接要快,要有实战意识和距离。

(2)后滑步→反击前腿下劈→前腿双飞踢进攻。

练习方法:从准备姿势开始,使用组合技术进行空击或打沙袋练习;也可两人配合,踢击脚靶、护具,条件性实战。

训练要求:后滑步反击与进攻衔接要快,要有实战意识和距离。

(3)前跳劈进攻→前腿双飞踢进攻。

练习方法:从准备姿势开始,使用组合技术进行空击或打沙袋练习;也可两人配合,踢击脚靶、护具,条件性实战。

训练要求:进攻与进攻衔接要快,要有实战意识和距离。

(4)后横踢进攻→前腿双飞踢进攻。

练习方法:从准备姿势开始,使用组合技术进行空击或打沙袋练习;也可两人配合,踢击脚靶、护具,条件性实战。

训练要求:进攻与进攻衔接要快,要有实战意识和距离。

10. 前腿双飞踢反击技术组合。

(1)第一分动作是,后滑步→反击后横踢→反击前腿双飞踢

练习方法:从准备姿势开始,使用组合技术进行空击或打沙袋练习;也可两人配合,踢击脚靶、护具,条件性实战。

训练要求:后滑步反击与进攻衔接要快,要有实战意识和距离。

(2)第二分动作是,后滑步→反击前横踢→反击前腿双飞踢。

练习方法:从准备姿势开始,使用组合技术进行空击或打沙袋练习;也可两人配合,踢击脚靶、护具,条件性实战。

训练要求:后滑步反击与进攻衔接要快,要有实战意识和距离。

(3)第三分动作是,前横踢进攻→后滑步→反击前腿双飞踢。

练习方法:从准备姿势开始,使用组合技术进行空击或打沙袋练习;也可两人配合,踢击脚靶、护具。

训练要求:进攻后后滑步与反击衔接要快,动作协调,要有实战意识。

(4)第四分动作是,后横踢进攻→后滑步→反击前腿双飞踢。

练习方法:从准备姿势开始,使用组合技术进行空击或打沙袋练习;也可两人配合:踢击脚靶、护具。

训练要求:进攻后后滑步与反击衔接要快,动作协调,要有实战意识。

11. 旋风踢进攻技术组合

(1)第一分动作是,后横踢进攻→进攻旋风踢。

练习方法:从准备姿势开始,使用组合技术进行空击或打沙袋练习;也可两人配合,踢击脚靶、护具,条件性实战。

训练要求:进攻与进攻衔接要快,要有实战意识和距离。

(2)第二分动作是,前横踢进攻→进攻旋风踢。

练习方法:从准备姿势开始,使用组合技术进行空击或打沙袋练习;也可两人配合,踢击脚靶、护具,条件性实战。

训练要求:进攻与进攻衔接要快,要有实战意识和距离。

(3)第三分动作是,前腿下劈进攻→进攻旋风踢。

练习方法:从准备姿势开始,使用组合技术进行空击或打沙袋练习;也可两人配合,踢击脚靶、护具,条件性实战。

训练要求:进攻与进攻衔接要快,要有实战意识和距离。

(4)第四分动作是,后腿下劈进攻→进攻旋风踢。

练习方法:从准备姿势开始,使用组合技术进行空击或打沙袋练习;也可两人配合,踢击脚靶、护具,条件性实战。

训练要求:进攻与进攻衔接要快,要有实战意识和距离。

12. 旋风踢反击组合

(1)第一分动作是,后滑步→反击旋风踢。

练习方法:从准备姿势开始,使用组合技术进行空击或打沙袋练习;也可两人配合,踢击脚靶、护具,条件性实战。

训练要求:后滑步与反击衔接要快,要有实战意识和距离。

(2)第二分动作是,前腿下劈反击→反击旋风踢。

练习方法:从准备姿势开始,使用组合技术进行空击或打沙袋练习;也可两人配合,踢击脚靶、护具,条件性实战。

训练要求:后滑步与技术动作衔接要快,要有实战意识和距离。

(3)第三分动作是,后滑步→前横踢反击→反击旋风踢。

练习方法:从准备姿势开始,使用组合技术进行空击或打沙袋练习;也可两人配合,踢击脚靶、护具,条件性实战。

训练要求:后滑步反击与进攻衔接要快,要有实战意识和距离。

(4)第四分动作是,后横踢进攻→反击旋风踢。

练习方法:从准备姿势开始,使用组合技术进行空击或打沙袋练习;也可两人配合,踢击脚靶、护具,条件性实战。

训练要求:进攻与技术动作衔接要快,要有实战意识和距离。

(二)后腿组合技术练习

1. 后横踢技术进攻组合

(1)第一分动作是,后横踢进攻→格挡进身。

练习方法:从准备姿势开始,直接前腿横踢进攻对方,落地后用手格挡对方的反击动作;也可两人配合,踢击脚靶、护具。

训练要求:进攻与格挡近身衔接要快,动作协调,要有实战意识。

(2)第二分动作是,后横踢进攻→前横踢进攻→后高横踢进攻。

练习方法:从准备姿势开始,空击或打沙袋直接起前腿横踢两次进攻组合;也可两人配合,踢击脚靶、护具。

训练要求:进攻与进攻衔接要快,动作协调,要有实战意识。

(3)第三分动作是,后横踢进攻→前下劈阻击。

练习方法:从准备姿势开始,空击或打沙袋直接起前腿横踢两次进攻组合;也可两人配合,踢击脚靶、护具。

训练要求:进攻与阻击衔接要快,要有实战意识和距离。

(4)第四分动作是，后横踢进攻→后下劈进攻。

练习方法：从准备姿势开始，空击或打沙袋直接起前腿横踢两次进攻组合；也可两人配合，踢击脚靶、护具。

训练要求：进攻与进攻衔接要快，要有实战意识和距离。

(5)第五分动作是，后横踢进攻→前腿双飞踢进攻。

练习方法：从准备姿势开始，空击或打沙袋直接起前腿横踢两次进攻组合；也可两人配合，踢击脚靶、护具。

训练要求：进攻与进攻衔接要快，要有实战意识和距离。

2. 后横踢技术反击组合

(1)第一分动作是，后横踢反击→格挡进身。

练习方法：从准备姿势开始，直接前腿横踢进攻对方，落得后用手格挡对方的反击动作；也可两人配合，踢击脚靶、护具。

训练要求：进攻与格挡近身衔接要快，要有实战意识。

(2)第二分动作是，前横踢进攻→后滑步→后横踢反击。

练习方法：从准备姿势开始，使用组合技术进行空击或打沙袋练习；也可两人配合，踢击脚靶、护具。

训练要求：进攻后后滑步与反击衔接要快，动作协调，要有实战意识。

(3)第三分动作是，后横踢进攻→后滑步→后横踢反击。

练习方法：从准备姿势开始，使用组合技术进行空击或打沙袋练习；也可两人配合，踢击脚靶、护具。

训练要求：进攻后后滑步与反击衔接要快，要有实战意识和距离。

(4)第四分动作是，前下劈进攻→后滑步→后横踢反击。

练习方法：从准备姿势开始，使用组合技术进行空击或打沙袋练习；也可两人配合，踢击脚靶、护具。

训练要求：进攻后后滑步与反击衔接要快，要有实战意识和距离。

(5)第五分动作是，前腿双飞踢进攻→后滑步→反击后横踢。

练习方法：从准备姿势开始，使用组合技术进行空击或打沙袋练习；也可两人配合，踢击脚靶、护具。

训练要求：进攻后后滑步与反击衔接要快，要有实战意识和距离。

3. 后高横踢进攻组合

(1)第一分动作是，后横踢进攻→后高横踢进攻。

练习方法：从准备姿势开始，使用组合技术进行空击或打沙袋练习；也可两人配合，踢击脚靶、护具。

训练要求：进攻与进攻衔接要快，要有实战意识和距离。

(2)第二分动作是,后高横踢进攻→前下劈阻击。

练习方法:从准备姿势开始,使用组合技术进行空击或打沙袋练习;也可两人配合,踢击脚靶、护具。

训练要求:进攻与阻击衔接要快,要有实战意识和距离。

(3)第三分动作是,前横踢进攻→后高横踢进攻。

练习方法:从准备姿势开始,使用组合技术进行空击或打沙袋练习;也可两人配合,踢击脚靶、护具。

训练要求:进攻与进攻衔接要快,要有实战意识和距离。

(4)第四分动作是,后高横踢进攻→后下劈进攻。

练习方法:从准备姿势开始,使用组合技术进行空击或打沙袋练习;也可两人配合,踢击脚靶、护具。

训练要求:进攻与进攻衔接要快,要有实战意识和距离。

4. 后高横踢进攻组合

(1)第一分动作是,前下劈进攻→后滑步→后高横踢反击。

练习方法:从准备姿势开始,使用组合技术进行空击或打沙袋练习;也可两人配合,踢击脚靶、护具。

训练要求:进攻后后滑步与反击衔接要快,动作协调,要有实战意识。

(2)第二分动作是,前横踢进攻→后滑步→后高横踢反击。

练习方法:从准备姿势开始,使用组合技术进行空击或打沙袋练习;也可两人配合,踢击脚靶、护具。

训练要求:进攻后后滑步与反击衔接要快,动作协调,要有实战意识。

(3)第三分动作是,后横踢进攻→后滑步→后高横踢反击。

练习方法:从准备姿势开始,使用组合技术进行空击或打沙袋练习;也可两人配合,踢击脚靶、护具。

训练要求:进攻后后滑步与反击衔接要快,动作协调,要有实战意识。

(4)第四分动作是,后下劈进攻→后滑步→后高横踢反击。

练习方法:从准备姿势开始,使用组合技术进行空击或打沙袋练习;也可两人配合,踢击脚靶、护具。

训练要求:进攻后后滑步与反击衔接要快,动作协调,要有实战意识。

5. 后下劈技术进攻组合

(1)第一分动作是,前横踢进攻→后下劈进攻。

练习方法:从准备姿势开始,空击或打沙袋直接起前腿横踢两次进攻组合;也可两人配合,踢击脚靶、护具。

训练要求:进攻与进攻衔接要快,动作协调,要有实战意识。

(2)第二分动作是,后横踢进攻→后下劈进攻。

练习方法:从准备姿势开始,空击或打沙袋直接起前腿横踢两次进攻组合;也可两人配合,踢击脚靶、护具。

训练要求:进攻与进攻衔接要快,动作协调,要有实战意识。

(3)第三分动作是,前腿双飞踢进攻→后下劈进攻。

练习方法:从准备姿势开始,空击或打沙袋直接起前腿横踢两次进攻组合;也可两人配合,踢击脚靶、护具。

训练要求:进攻与进攻衔接要快,动作协调,要有实战意识。

(4)第四分动作是,后下劈进攻→后横踢进攻。

练习方法:从准备姿势开始,空击或打沙袋直接起前腿横踢两次进攻组合;也可两人配合,踢击脚靶、护具。

训练要求:进攻与进攻衔接要快,动作协调,要有实战意识。

6. 后下劈技术反击组合

(1)第一分动作是,前横踢进攻→后下劈反击。

练习方法:从准备姿势开始,空击或打沙袋直接起前腿横踢两次进攻组合;也可两人配合,踢击脚靶、护具。

训练要求:进攻与移步反击衔接要快,动作协调,要有实战意识。

(2)第二分动作是,后横踢进攻→后下劈反击。

练习方法:从准备姿势开始,空击或打沙袋直接起前腿横踢两次进攻组合;也可两人配合,踢击脚靶、护具。

训练要求:进攻与移步反击衔接要快,动作协调,要有实战意识。

(3)第三分动作是,后下劈进攻→后滑步→后下劈反击。

练习方法:从准备姿势开始,空击或打沙袋直接起前腿横踢两次进攻组合;也可两人配合,踢击脚靶、护具。

训练要求:进攻后后滑步与反击衔接要快,动作协调,要有实战意识。

(4)第四分动作是,前下劈阻击→后滑步→后下劈反击。

练习方法:从准备姿势开始,空击或打沙袋直接起前腿横踢两次进攻组合;也可两人配合,踢击脚靶、护具。

训练要求:进攻后后滑步与反击衔接要快,动作协调,要有实战意识。

7. 后腿双飞踢进攻组合

(1)第一分动作是,前横踢进攻→后腿双飞踢进攻。

练习方法:从准备姿势开始,空击或打沙袋直接起前腿横踢两次进攻组合;也可两人配合,踢击脚靶、护具。

训练要求:进攻与进攻衔接要快,动作协调,要有实战意识。

(2)第二分动作是,后横踢进攻→后下劈反击。

练习方法:从准备姿势开始,空击或打沙袋直接起前腿横踢两次进攻组合;也可两人配合,踢击脚靶、护具。

训练要求:进攻与反击衔接要快,动作协调,要有实战意识

(3)第三分动作是,后滑步→反击前腿下劈→后腿双飞踢进攻。

练习方法:从准备姿势开始,使用组合技术进行空击或打沙袋练习;也可两人配合,踢击脚靶、护具、条件实战。

训练要求:后滑步反击与进攻衔接要快,要有实战意识和距离。

(4)第四分动作是,后横踢进攻→后腿双飞踢进攻。

练习方法:从准备姿势开始,空击或打沙袋直接起前腿横踢两次进攻组合;也可两人配合,踢击脚靶、护具。

训练要求:进攻与进攻衔接要快,动作协调,要有实战意识

8. 后腿双飞踢反击组合

(1)第一分动作是,后滑步→后横踢反击→后下劈反击。

练习方法:从准备姿势开始,使用组合技术进行空击或打沙袋练习;也可两人配合,踢击脚靶、护具,条件性实战。

训练要求:后滑步反击与反击衔接要快,要有实战意识和距离。

(2)第二分动作是,前横踢反击→后腿双飞踢反击。

练习方法:从准备姿势开始,使用组合技术进行空击或打沙袋练习;也可两人配合,踢击脚靶、护具,条件性实战。

训练要求:后滑步反击与反击衔接要快,要有实战意识和距离。

(3)第三分动作是,前横踢进攻→后滑步→后腿双飞踢反击。

练习方法:从准备姿势开始,使用组合技术进行空击或打沙袋练习;也可两人配合,踢击脚靶、护具,条件性实战。

训练要求: 进攻后后滑步反击与进攻衔接要快,要有实战意识和距离。

9. 后踢技术进攻组合

(1)第一分动作是,后横踢进攻→进攻后踢。

练习方法:从准备姿势开始,空击或打沙袋直接起前腿横踢两次进攻组合;也可两人配合,踢击脚靶、护具。

训练要求:进攻与进攻衔接要快,动作协调,要有实战意识。

(2)第二分动作是,前下劈阻击→进攻后踢。

练习方法:从准备姿势开始,空击或打沙袋直接起前腿横踢两次进攻组合;也可两人配合,踢击脚靶、护具。

训练要求:阻击与进攻衔接要快,动作协调,要有实战意识。

(3)第三分动作是,前腿双飞踢进攻→进攻后踢。

练习方法:从准备姿势开始,空击或打沙袋直接起前腿横踢两次进攻组合;也可两人配合,踢击脚靶、护具。

训练要求:进攻与进攻衔接要快,动作协调,要有实战意识。

(4)第四分动作是,前横踢进攻→进攻后踢。

练习方法:从准备姿势开始,空击或打沙袋直接起前腿横踢两次进攻组合;也可两人配合,踢击脚靶、护具。

训练要求:进攻与进攻衔接要快,动作协调,要有实战意识。

10. 后踢技术反击组合

(1)第一分动作是,前横踢进攻→侧滑步→反击后踢。

练习方法:空击或打沙袋。从准备姿势开始,直接起前腿横踢进攻;快速落地后向后侧移,移动中运用后踢反击;也可两人配合,踢击脚靶、护具。

训练要求:进攻果断,移步与反击衔接要快,动作协调,要有实战意识。

(2)第二分动作是,后横踢进攻→后滑步→反击后踢。

练习方法:空击或打沙袋。从准备姿势开始,直接起后腿横踢进攻;快速落地后向后侧移,移动中运用后踢反击;也可两人配合,踢击脚靶、护具。

训练要求:进攻果断,移步与反击衔接要快,动作协调,要有实战意识。

(3)第三分动作是,前下劈阻击→后滑步→反击后踢。

练习方法:空击或打沙袋。从准备姿势开始,直接起下劈阻击;快速落地后滑步接后踢反击;也可两人配合,踢击脚靶、护具。

训练要求:进攻果断,移步与反击衔接要快,动作协调,要有实战意识。

(4)第四分动作是,前腿双飞踢进攻→反击后踢。

练习方法:空击或打沙袋。从准备姿势开始,前腿双飞踢直接进攻;快速落地后滑步接后踢反击;也可两人配合,踢击脚靶、护具。

训练要求:进攻与移步反击衔接要快,动作协调,要有实战意识。

11. 后旋踢技术进攻组合

(1)第一分动作是,后横踢进攻→进攻后旋踢。

练习方法:从准备姿势开始,空击或打沙袋直接起前腿横踢两次进攻组合;也可两人配合,踢击脚靶、护具。

训练要求:进攻与进攻衔接要快,动作协调,要有实战意识。

(2)第二分动作是,前下劈阻击→进攻后旋踢。

练习方法:从准备姿势开始,空击或打沙袋直接起前腿横踢两次进攻组合;也可两人配合,踢击脚靶、护具。

训练要求:阻击与进攻衔接要快,动作协调,要有实战意识。

(3)第三分动作是，前腿双飞踢进攻→进攻后旋踢。

练习方法：从准备姿势开始，空击或打沙袋直接起前腿横踢两次进攻组合；也可两人配合，踢击脚靶、护具。

训练要求：进攻与进攻衔接要快，动作协调，要有实战意识。

(4)第四分动作是，前横踢进攻→进攻后旋踢。

练习方法：从准备姿势开始，空击或打沙袋直接起前腿横踢两次进攻组合；也可两人配合，踢击脚靶、护具。

训练要求：进攻与进攻衔接要快，动作协调，要有实战意识。

12. 后踢技术反击组合

(1)第一分动作是，前横踢进攻→反击后旋踢。

练习方法：从准备姿势开始，空击或打沙袋直接起前腿横踢两次进攻组合；也可两人配合，踢击脚靶、护具。

训练要求：进攻与反击衔接要快，动作协调，要有实战意识。

(2)第二分动作是，后横踢进攻→反击后旋踢。

练习方法：从准备姿势开始，空击或打沙袋直接起前腿横踢两次进攻组合；也可两人配合，踢击脚靶、护具。

训练要求：进攻与反击衔接要快，动作协调，要有实战意识。

(3)第三分动作是，前下劈阻击→反击后旋踢。

练习方法：从准备姿势开始，空击或打沙袋直接起前腿横踢两次进攻组合；也可两人配合，踢击脚靶、护具。

训练要求：阻击与反击衔接要快，动作协调，要有实战意识。

(4)第四分动作是，前腿双飞踢进攻→反击后旋踢。

练习方法：从准备姿势开始，空击或打沙袋直接起前腿横踢两次进攻组合；也可两人配合，踢击脚靶、护具。

训练要求：进攻与反击衔接要快，动作协调，要有实战意识。

三、组合技术教学的组织方法

组合技术在跆拳道教学组织中，教师通过观察学生的训练情况获得反馈信息，把握学生接受的程度，并从中发现错误，进行纠正。教学中一般采用的教学组织方法有个人练习法、配对练习法、分组练习法、集体练习法等。

(一)个人练习法：学生单独一人练习，可以提高想象能力，并根据自己的身体条件选择适合的技术进行练习，培养学生自己的技术风格。而且能够静心体会动作，不受他人干扰。

(二)集体练习法：一般安排在跆拳道训练的前半部分，首先是教师进行领做技术动作时采用,强调技术动作的规范性(模仿能力)。其次是在教师讲解、示范教学之后,由教师运用口令或手势发出信号,统一指挥,集体进行练习。

(三)分组练习:在固定某一个练习或进行循环练习时多采用分组练习法。如6人一组轮流踢沙袋或脚靶等。为了巩固技术动作,多采用分组练习的形式。这种练习便于调动学生的自主性和积极性,在练习中也可以互相配合、互相鼓励、休息间歇时可让同组队友指出自己的优点和缺点,以共同提高。

(四)配对练习:这是跆拳道教学常用的方法,由于跆拳道比赛是两人进行直接对抗,在掌握了基本技术动作后,教学安排大多进行双人配对攻防练习。两种情况,器材练习和配对练习:器械练习主要是通过脚靶、护具等进行移动练习,尤其是带上护具后进行配对,效果更好;配对练习是两人一组,通过"喂引"先使学生能够把所学的组合技术动作运用于条件性实战中(例如,指定甲方进攻,乙方只能防守反击),掌握组合技术的攻反组合。教学中要明确练习的目的,强调安全,防止受伤。教师要分清教学中需要解决什么问题,也就是主练学生和陪练学生的区别。

四、组合技术的教学与建议

(一)组合技术的教学

(1)组合技术的教学,首先要讲清楚其动作结构特点与在比赛中的作用,强调各技术环节间的相互联系及竞赛规则对组合技术的限制。

(2)通过教学使学生理解任何基本技术都能结合,关键是要适合自己。

(3)在掌握组合技术的基础上,要把组合技术与其它技术进行综合训练,提高组合与单个、组合与假动作衔接得分的能力。

(4)脚靶、护具练习时,让学生明白将护具放置胸腹部位,是让练习者击打躯干;将护具放置在头部或略高于头部,是让练习者击打头部。训练中如快速出护具是培养练习者技术动作的连贯性, 主练者也可以按自己的思路打组合技术动作,陪练者配合主练者的技术动作进行脚靶或双护具喂招练习。

(一)组合技术的建议

(1)教学与训练中,要合理安排练习的密度和强度,加强身体素质的训练,不断提高组合技术运用的转换能力。

(2)教学中要培养学生勇猛顽强的拼搏精神,加强组合技术运用意识及能力的培养。

思考题

1. 跆拳道组合技术教学中应注意哪些问题?
2. 怎样理解组合技术的教学?

第五节 跆拳道综合技术教学与训练

综合训练是为增强学生体质,发展学生技能,提高学生运动技、战术水平而进行专门的、系统的、有组织的教学安排。综合训练在教学过程中对保持学生运动员较高技术水平,有着积极的促进作用。

一、综合训练的目的和任务

(一)综合训练的目的

贯彻"健康第一"的思想作指导,运用跆拳道这一特殊的身体活动形式来增强学生身体素质,提高学生技战术水平,促进学生健康发展,培养学生"终身体育观念"。使他们在德、智、体、美、劳等方面全面发展,成为社会主义事业未来的合格建设者与保卫者。

(二)综合训练的任务

1. 培养团队精神和提高社会交往能力

团队精神和提高社会交往是现代人对人类活动的最基本要求。跆拳道实践课不仅要教会学生通过身体活动发展人的自然属性，而且还要通过与他人的交往发展人的社会属性,增强个人与社会交往的能力,同时形成个人是社会大家庭的一个微小的组成部分，任何事业的成功除了个人努力之外，必须发扬团队精神,善于与社会其他成员合作的观念。

2. 学习和掌握跆拳道技战术,提高实战能力

通过跆拳道技战术练习,能不断挖掘学生的自身潜力,在训练中体验成功带来的乐趣和魅力。从而养成通过跆拳道运动来培养自觉锻炼的习惯和自我锻炼的能力。为"终身体育观念"的建立创造条件。

3. 提高技能,增强体质

通过跆拳道实践课,提高学生运动员身体的柔韧性、灵敏性、协调性,促进动作的速度、力量、耐力、增强实战的意识、经验等。训练中,增强了人体对外界环境变化的适应和抵御疾病侵袭的能力,为学生顺利完成学业提供了有力的保证。

另外,跆拳道训练还有利于培养学生勇敢顽强、机智果断、胜不骄败不馁等许多优良的品质。

二、综合训练的内容

(一)训练前的热身运动

跆拳道是一项两人直接进行身体对抗的竞技体育项目,动作幅度大,中、高

位动作的频繁运用，需要身体特别是四肢有较好的柔韧性和保证各关节的灵活性。因此，在训练前将躯干、四肢的大肌肉群、大小腿韧带及各关节活动开，以确保完成难度较高的踢击腿法。

充分的准备活动可以避免运动损伤，使肌肉达到一定的兴奋状态，准备活动按其内容可以划分为一般性准备活动和专项性准备活动。一般性准备活动包括：活动关节、跑步、拉韧带等；专项性准备活动是针对某一节课或比赛前所做的热身练习如：提膝、双飞、空击等。所以，热身运动在跆拳道训练前应引起高度重视。

1. 上肢运动

手腕、脚腕、颈部拉伸、肩部拉伸、屈腿转腰、体侧运动、手指运动、扩胸运动、体转运动、腰部运动、涮腰运动等。

目的：做好上肢准备活动。

方法：集体练习，教师带关节操。

要求：队行整齐。

2. 下肢运动

屈膝拉伸、屈膝环绕、弓步、仆步、马步等。

目的：做好下肢准备活动。

方法：集体练习，教师带关节操。

要求：队行整齐。

3. 慢跑

目的：内脏器官适应训练的强度。

方法：两路纵队，教师喊口令。

要求：队行整齐。

4. 压腿运动

做式屈腿下压、做式直腿下压、分式直腿下压、单屈腿下压、跪式压踝关节、跪式后躺拉长肌肉等。

目的：提高身体的柔韧性练习。

方法：集体练习，教师喊口令。

要求：克服拉长肌肉带来的痛疼。

5. 腿部柔韧运动

左右竖叉、横叉。

目的：拉长身体的肌肉。

方法：集体练习，教师喊口令。

要求：克服拉长肌肉带来的痛疼。

6. 准备辅助练习

踢球动作、投篮动作、空中转体、斜向并脚等。

目的：提高训练的兴奋性。

方法：两路纵队，教师喊口令。

要求：声音洪亮，训练要有气势。

7.专项素质准备活动

提膝、双飞、空击、左右横踢、连续前横踢等。

目的：培养单腿和双腿连续起腿的意识。

方法：两路纵队，教师喊口令。

要求：声音洪亮，训练要有气势。

（二）提膝训练

在提膝训练过程中，主要有两种方法：一是单腿连续提膝，如右腿连续提膝2次，然后换左腿连续提膝2次，总数是4次，而第二种是左右腿交替提膝，即右腿一次，左腿一次，总数也是2次。提膝训练的区别：一种左右交替连续提膝，另一种是单腿连续提膝多次后再交换。

1. 单腿连续提膝

教学目的：培养单腿连续起腿意识和身体的协调性。

教学方法：（如图）一人准备姿势站立，单腿向上连续提膝。如右腿连续提4次，在换左腿连续提4次。

要求：原地练习，肩关节放松，逐渐加快提膝的频率。4—10次一组，多组重复。

2. 左右交替提膝

教学目的：培养动作的协调性和动作的规范性及左右交替起腿意识。

教学方法：（如图）一人准备姿势站立，右腿向上提膝1次，左腿向上提膝1次，即左右腿交叉连续提膝。

要求：原地练习，肩关节放松，逐渐加快提膝的频率。4—10次一组，多组重复。

（三）横踢准备活动

横踢准备活动训练的区别：一种是双方左右腿交替互踢不间断练习，另一种是双方单腿进攻与防守不间断反复练习。有两种方法：

1. 左右腿横踢交替互踢

训练思路：原地左右腿横踢交替互踢，即双方同时练习，一方右腿横踢，另一方也同时右腿横踢，左腿相同。反复进行左右腿交替互踢练习。

教学目的：培养横踢迎击意识和身体的协调性。

教学方法：（如图）两人准备姿势站立，一人右横踢进攻，另一人右横踢迎击，左右腿交替练习。

要求：原地练习，肩关节放松，逐渐加快横踢频率。6—10次一组，多组重复。

2. 前腿横踢攻防练习

训练思路：前腿横踢攻防练习，一方左腿进攻1次，通过步法防守调整落地回步，另一方也进攻1次，运用步法防守调整落地回步。反复前腿横踢攻防练习。

教学目的：培养前腿横踢进攻意识及动作的协调性。

教学方法：（如图）两人准备姿势站立，一人前横踢进攻回步，另一人前横踢进攻回步，单腿反复练习。

要求：移动结合步法练习，肩关节放松，逐渐加快横踢攻防的频率。6—10次一组,多组重复。

（四）各种步法结合各种动作空击练习

教学目的:培养步法和动作的连贯性。步法包括前滑步、后划步、上步、撤步、侧移步、冲刺步及步法组合;各种动作包括横踢、后踢、下劈等技术动作。

上步结合横踢

后滑步反击

后踢反击

教学方法:(如图)一人准备姿势站立,练习各种步法结合各种技术动作,依次练习。

要求:移动步法结合技术动作练习,肩关节放松,提高动作的进攻与反击的意识。2—5个动作衔接,3—5个一组,变化练习。

（五）各种步法结合各种动作进攻或反击练习

教学目的:主练某一进攻或反击动作,熟练和强化某一进攻或反击动作的培养。步法包括前滑步、后划步、上步、撤步、侧移步、冲刺步及步法组合;各种动作包括横踢、后踢、下劈、双飞等技术动作。

教学方法:(如图)两人准备姿势站立,一人运用各种步法结合各种技术动作进攻或反击,另一人根据对手的技术动作进行合理的移动反击、防守、进攻或迎击,依次练习。

要求:配合者要全力一赴运用技术动作进攻或反击,不能想着自己是陪练,给主练者增加训练难度。

(六)试靶练习

教学目的:双方练习,提高技术动作的启动速度、反应速度、连贯速度等。

教学方法:(如图)两人准备姿势站立,互拿脚靶练习横踢、双飞、下劈等单击和组合基本技术动作。

要求:3—5分钟一组,训练中保持一定的实战距离。

(七)小力量练习

小力量练习在跆拳道训练中常被使用。采用的器械主要是皮条、小沙袋、护具、小脚靶等。常常是在技术训练中和技术训练后使用。

1.皮条练习

目的:克服阻力,提高力量素质,增强击打能力。

方法:脚踝绑上皮条练习各种动作如:连续提膝、前后横踢腿、下劈、后踢等。

要求:注意动作的运行路线,技术动作不能变形。

2. 小腿绑上不同重量的小沙袋踢击各种动作

目的:克服阻力,提高力量素质,增强击打能力。

方法:脚踝绑上不同重量的小沙袋踢击各种动作如:横踢腿、前踢腿、下劈、后踢、侧踢腿。

要求:注意动作的运行路线,技术动作不能变形。

3. 双飞练习

(1)原地连续双飞踢脚靶练习。

目的:提高肌肉力量耐力素质,增强击打能力。

方法:原地,一人手持两个脚靶,另一人使用连续双飞技术踢击脚靶。

要求:注意动作的运行路线,双飞技术动作不能变形。

(2)移动连续双飞踢护具练习。

目的:提高肌肉力量耐力素质,增强击打能力。

方法:行进间,一人双手拿两个护具,另一人使用连续双飞技术踢击护具。

要求:注意动作的运行路线,双飞技术动作不能变形。

(3)10~30 秒自由组合反应靶练习。

目的:提高专项耐力素质,增强技术动作的击打力量。

方法:两人配合,一人手拿小脚靶快速出自由组合的靶位,另一人反应踢击脚靶,时间一般在 30 秒左右。

要求:注意动作的运行路线,技术动作不能变形。

(八)小脚靶练习

小脚靶练习在跆拳道训练中常被采用。按练习的形式可分为踢击固定靶、移动靶、反应移动靶三种;按练习的要求可分为技术靶、战术靶、专项素质靶。

1. 固定靶训练

固定靶又称固定技术靶或素质靶。主要是提高运动员固定技术动作的启动速度、击打力度、动作质量和耐久性。

(1)多人练习法教学目的:熟悉各种技术,提高技术动作的击打力度和规范性。

多人练习法教学方法:固定靶练习。(如图)一路纵队,第一个人使用一个技术动作如横踢踢击脚靶一次,然后回到队尾,依次按顺序每人踢击一次。

多人练习法要求:固定靶练习。击打完后要要注意观察和借鉴其他队员的踢法。

(2)双人练习法教学目的:提高动作的击打力度、启动速度和规范性。

双人练习法教学方法:(如图)两人准备姿势站立,一人手持脚靶,另一人练习各种技术动作。左右腿交替练习。

双人练习法要求:固定靶练习。踢击时注意动作的高度。5—10 次一组,多组重复教学。

2. 移动靶训练

移动靶又称移动技术靶。在移动中由练习者主动调整距离踢击脚靶。根据不同的练习要求变换不同的方向,虽然还是练习者为主动,但是拿靶的人也要在喂引靶的同时移动起来,包括运用基本的步法。主要是通过移动踢靶来体验和规范单个或组合技术的运用。

双人练习教学目的:提高技术动作的启动速度连贯性和击打脚靶的准确性。

双人练习教学方法:(如图)两人准备姿势站立,一人手持脚靶,另一人移动中练习各种技术动作。

双人练习要求:移动靶练习。踢击时注意动作的高低结合。10—20 次一组,多组重复教学。

3. 反应移动靶

反应移动靶又称战术靶。根据假设的情况有针对性地进行练习的方法,培养战术意识,提高战术能力,如拿靶方调动对手为目的的快速出靶,或模拟对手特长为目的的喂引靶等。

教学目的：强化各种技战术击靶的意识，提高技术动作的连贯性。

教学方法：（如图）两人准备姿势站立，一人手持脚靶，喂递各种技术动作，另一人根据不同的靶位快速反应踢击脚靶。

要求：持靶的人先不放好靶位，以实战的形式在移动中突然出靶，练习者击打自己的单个和组合动作，要有实战意识。踢击时注意动作的高度。2—5 分钟一组，多组重复教学。

（九）护具练习法

护具练习在跆拳道训练中常被采用。按练习的形式可分为固定护具、移动护具、反应移动护具三种；按练习的要求可分为技术护具、战术护具、专项素质护具。

1. 固定护具训练

固定护具又称护具技术或护具素质。主要是提高运动员固定技术动作的启动速度、击打力度、动作质量和耐久性。

（1）多人练习法教学目的：提高技术动作的启动速度，观察其他队员踢法的优缺点，改进自己的技术。

多人练习法教学方法：固定护具练习。（如图）一路纵队，第一个人使用一个技术动作如横踢踢击护具一次，然后回到队尾，依次按顺序每人踢击一次。

多人练习法要求:练习者注意调控距离,击打完后要要注意观察和借鉴其他队员的踢法。

(2)双人练习法教学目的:提高技术动作的启动速度和规范性。

双人练习法教学方法:(如图)两人准备姿势站立,一人手持护具,另一人练习各种技术动作。左右腿交替练习。

要求:固定护具练习。踢击时注意动作的高低度。10—20 次一组,多组重复教学。

2. 移动护具训练

移动护具又称护具移动技术。在移动中由练习者主动调整距离踢击护具。根据不同的练习要求变换不同的方向,虽然还是练习者主动,但是拿护具的人也要在喂护具的同时移动起来,包括运用基本的步法、动作等。主要是通过移动护具来体验和规范单个或组合技术的运用。

移动护具是在移动中由练习者主动调整距离踢击护具。根据不同的练习要求变换不同的方向,虽然还是练习者主动,但是拿护具的人也要在拿护具的同时移动起来,包括运用基本的步法。

教学目的：提高技术动作的移动中的启动速度和击打护具的准确性。

教学方法:(如图）两人准备姿势站立,一人手持护具,另一人移动中练习各种技术动作。

要求：移动护具练习。踢击时注意动作的高低结合。10—20 次一组,多组重复教学。

3.反应移动护具

反应移动护具又称战术反应护具。根据假设的情况有针对性地进行练习的方法,培养战术意识,提高战术能力,如拿护具方结合动作调动对手为目的的快速出护具,或模拟对手特长为目的的喂引护具等。

教学目的:强化战术击打护具的意识,提高技术动作的力度和连贯性。

教学方法:(如图)两人准备姿势站立,一人手持护具,喂递各种技术动作,另一人根据不同护具的位置,快速反应踢击护具。

要求：练习者要根据拿护具人出护具的角度、位置等，快速使用不同的技术踢击护具，移动中由配合者主动出护具，练习者快速反应调整距离踢击护。踢击时注意动作的高低度。2—5 分钟一组，多组重复教学。

(十)条件实战练习法

条件实战是对实战提出要求，有条件限制的一种练习方法。是为某些学生的某种能力而设置的一种常见的训练内容，具有较强的针对性，也是进行实战的基础。这种练习经常在跆拳道训练中被采用。如为提高一方对横踢防守后的反击技术，规定另一方只能用横踢进攻。这种教学方法的优点是针对性强，能有效的训练和提高练习者某一方面能力。

1. 限制动作条件实战

教学目的：同伴配合，陪练者创造时机和距离配合练习者完成技术动作。

教学方法：(如图)两人准备姿势站立，陪练者以 70%的力量(只能使用指定

技术动作)击打对方,主练者使用90%的力量运用进攻或者是反击技术动作进行条件实战,双方主要是配合练习。

要求:配合者要有实战的意识。5—10分钟一组,多组重复教学。

2. 解决条件实战中的技术问题

教学目的:解决学生在实战中出现的技术问题。

教学方法:(如图)两人准备姿势站立,根据主练者实战中出现的技术问题(如主练者横踢反击技术)。陪练者使用70%的力量进攻主练者,主练者使用90%的力量反击陪练者。反复练习同一个技术动作,直到陪练者运用100%的力量进攻主练者,主练者根据陪练者运用技术动作的情况反击得分,双方从配合练习逐渐提高训练难度。

要求:配合者要有实战的意识。5—10分钟一组,多组重复教学。

(十一)实战

实战,指按照竞技比赛规则的要求,对运动员以前各种训练能力的全面检验,也是衡量教学成果的唯一标准。实战是在接近比赛强度的环境下对运动员的体能、智能、技能、心理素质等各方面存在的问题进行诊断,为今后的训练和比赛提供真实详细的一手资料。

实战安排一方面从训练的实际出发,如:30秒实战,打破正常的进攻节奏,主要让练习者在短时间学会抓时机,尽可能的多进攻并得分;1分钟实战,主要是让练习者尽可能寻找战机,以主动进攻为主;2分钟实战,主要是按照规则进行对抗,控制场上的节奏,合理的运用技战术,提高攻防反迎的技术运用;5分钟实战让练习者在超过正式比赛的时间内,学会在机体疲劳的情况下合理运用技战术。另一方面为了保护运动员,实战前两个人都要穿好护具,包括(护腿、护臂、护头、护裆等),也可根据比赛的需要,安排有特定条件的对抗性实战。如;不同性别不同体重级别、不同技术水平的对手进行对抗,或者是一场中每局轮换一个对手等。目的是提高学生运动员的训练水平,培养学生运动员的意志品质,实战后总结技术运用的优弱点,长处加强巩固,弱点进行强化训练。

(1)同级别实战。

(2)男女配对实战。

(3)不同级别配对实战。

(4)车轮战。

(5)拉长时间实战。

(6)缩短时间实战。

三、综合训练教学的组织方法

在跆拳道教学组织中,教师通过观察学生的训练情况获得反馈信息,把握学生接受的程度,并从中发现错误,进行纠正。教学中一般采用的教学组织方法有个人练习法、配对练习法、分组练习法、实战、比赛法等。

(一)个人练习法

学生单独一人练习,可以提高想象能力,并根据自己的身体条件选择适合的技战术进行练习,培养学生自己的技战术风格。而且能够静心体会动作,不受他人干扰。

(二)分组练习

在进行循环战术练习时多采用分组练习法。如 6 人一组轮流进行战术训练。为了巩固战术动作,可采用分组练习的形式。这种练习便于调动学生的自主性和积极性, 在练习中也可以互相鼓励、休息间歇时可让队友指出自己的优点和缺点,以共同提高。

(三)配对练习

这是跆拳道教学常用的方法,由于跆拳道比赛是两人进行直接对抗,在掌握了基本技术动作后,教学安排大多进行双人配对攻防练习。两种情况,器材练习和配对练习:

器械练习主要是通过脚靶、护具等进行移动练习,尤其是带上护具后进行配对,效果更好。

配对是两人一组,把掌握的技战术进行攻反反复练习。教学时要明确练习目的,强调安全,防止受伤。

(四)实战练习法

实战练习法是教练员为提高运动员的实践能力,在接近比赛强度的条件下,运用所学技、战术合理地攻击对方的能力。在实战组织教学过程中针对技术动作运用失误的情况进行分析、讲解、训练,帮助学生找出失误的原因,过后根据实战中出现的技、战术运用失误的问题进行针对训练。

(五)比赛

比赛能增强运动员技术动作的得分意识和控制比赛节奏的能力，也是培养运动素养的一种方法。运动员技、战术动作的运用是通过比赛实践来体现的，任何技、战术动作的成败与否，都必须通过比赛来检验。这是跆拳道运动训练的必经之路，也是培养运动员迅速成长的重要环节。

四、综合训练的教学与建议

(一)综合训练的教学

(1)按照循序渐进的原则进行教学，力求技术动作全面化。

(2)脚靶、护具练习时，让学生明白将护具放置胸腹部位，是让练习者击打躯干(1分动作)；将护具放置在头部或略高于头部，是让练习者击打头部(2分动作)。也可以要求配合者变换喂招的方式，如快速出脚靶或双护具或连续出脚靶或双护具；主练者也可以按自己的思路打单个和组合技术动作，陪练者配合主练者的技术动作进行脚靶或双护具喂引练习。

(3)护具、脚靶练习能够有效提高练习者进攻和防守反击的动作质量，还可以提高动作击打的准确性、灵活性和良好的距离感控制等。这样教学既能提高练习者的反应速度，又可以使练习者逐步掌握动作之间的连接，从而与实战较快地衔接起来。

(4)教学中，教师要分清需要解决什么问题，也就是主练学生和陪练学生的区别。真正的实战，场上的情况千变万化，战机稍纵即失，进、退、攻、防、迎，击打的时机、距离，动作的速度、力度，对手的高矮、左架、右架等等，对学生运动员技术动作的运用起着一定的影响。

(二)综合训练的建议

(1)教学与训练中，要合理安排练习的密度和强度，加强身体素质的训练，不断提高技战术攻、防、反、迎转换的能力。

(2)在实战中教师要善于发现学生技战术掌握的弱点，有针对性的进行训练。通过实战的信息反馈，不断总结分析，提高实战能力。

思考题

1. 跆拳道综合训练教学中应注意哪些问题？
2. 怎样理解综合训练的目的、方法和要求？

第四章 跆拳道运动的战术教学

第一节 跆拳道战术概述

跆拳道战术:是指运动员在比赛中,根据自己和对手的具体情况,为战胜对手而采取的计策和行动。战术的运用是思维上的谋略,是行动上的技巧,是运动员和教练员为参加比赛取得优异的运动成绩而准备采用的参赛策略或在比赛中采用的战术行为。

跆拳道战术的实质是运动员能在比赛中，充分发挥己方特长，限制对方特长,运用自己平时训练中所练就的各项技能,最有效地发挥自己的优势去战胜对手。在运用战术过程中,可以说是一个斗智斗勇的过程,双方始终贯穿着发挥与反发挥,控制与反控制激烈争夺,攻防、防反中的瞬间转换,往往决定着谁夺取比赛主动权的问题。

战术的作用在于运动员所获得的技术、心理、身体素质等训练的能力,在比赛中以最优化的形式综合展现出来。特别在双方势均力敌、旗鼓相当的情况下,合理的、正确的选择战术常常是取得比赛胜利的前提。因为,比赛中双方都为了控制对手的技术动作,一方面要扬长避短,抑制对手的技术发挥,另一方面要对对手避长攻短,扰乱对手的进攻节奏,破坏对手的技战术运用意图,攻击对手的弱点,使对手丧失取胜的信心。

战术的形成与运用是建立在运动员身体素质、技术、心理、智能的基础上,是训练水平的综合反映,是双方运动员智慧的较量。战术训练要遵循跆拳道技术发展规律,树立正确的战术指导思想,注重战术意识的培养,掌握战术原则,战术形式,战术运用的规律。因此,在训练过程中,要通过各种途径使学生运动员学会分析、比较、判断问题的能力。

第二节 跆拳道战术的原则

战术原则是制定战术计划,实施战术方案必须遵循的准则。可将战术的原则分为以下几个方面:

一、按对方实际情况设计战术

实际情况是战术运用中根据对手技术状况、攻防类型、身体素质、心理素质等相互的关系，制定的攻防策略。要想战胜对手，首先要了解对手，了解他的战术运用形式，根据对方的具体情况，合理选择、设计相应的战术运用对策。

（一）按攻防类型设计战术

在跆拳道比赛中，根据运动员临场运用战术的具体情况，一般表现三种攻防类型。一是以主动进攻为主的进攻型；二是以防守反击为主的反击型；三是能攻能守的综合性。在制定战术运用之前，要了解对手属于哪种打法类型。

（二）按技术状况设计战术

运动员有不同的技术状况，根据对手攻防实力和得分手段等进行设计战术。战术的实施之前要了解对手技术运用的优点和弱点。如对手的综合实力如何？主要得分手段靠的是什么？同时要善于发现对手的弱点，如对手怕的是什么技术，是防单个技术差，还是防组合技术差等。

（三）按身体素质设计战术

运动员之间的身体素质有着明显的差异，有的动作速度快，有的反应快，有的体力好，有的爆发力好，有的则协调性好。对于运动员不同身体素质要采用不同的战术。

（四）按心理素质设计战术

心理素质是一个广义的概念，这里主要是指运动员的意志品质和表现在激烈对抗中心理承受能力和控制能力。有的运动员技术好，但心理承受能力和自我控制能力差，在激烈的对抗中便产生惧怕、恐慌、发挥失常等心理障碍；有的运动员意志品质差，出现伤病等就打退堂鼓，虽然有实力，但战胜不了自己的心理。

二、按攻防兼备突出特长原则制定战术

在跆拳道比赛中，战术的运用讲究扬长避短，在审时度势的基础上，要做到敌变我亦变，我变敌未变。有些运动员一味讲究进攻，不顾防守；有的运动员则单纯防守或反击，不讲进攻，结果使进攻、防守、反击三者失调，顾此失彼。因此，制定和实施跆拳道战术时要遵循进攻、防守、反击兼顾的原则，攻中有防，防中有反，反中有攻。突出个人特长，以我为主的原则制定战术。

三、按控制与反控制原则制定战术

在跆拳道比赛后，常听运动员说："我这次大意了，下次一定可以赢他"。产生这种现象的原因，归结于控制问题。现今竞技跆拳道运动员经过多年的系统训

练,技术水平比较接近,比赛中讲究扬长避短,要针对对手的弱点,心理素质,意志品质,身体素质等制定出自己切实可行的控制对手发挥的技战术,真正做到有的放矢。如了解对手擅长主动进攻,自己上场前就要控制好和对手的实战距离稳扎稳打(也就是距离战),引诱对手露出破绽,自己反击时使用有把握的反击动作,使对手心情烦躁,失去耐心,打破对手的比赛节奏,这样自己在比赛场上就占据了主动权。

四、按灵活多变原则制定战术

在战术训练中,首先要求运动员对各种战术形式之间的衔接关系多加考虑,对一些常用的和具有自己独特特点的战术形式要融会贯通,保证运动员在比赛中根据已掌握的战术动作,随着比赛的变化发展而能灵活运用。其次要严格按照比赛的要求去训练特长战术,对战术运用的时机及其判断,都应在模拟真实比赛的环境中去检验、甄别,只有通过实践检验的战术动作,才能充分体现出战术行动的实效性;最后把各种不同战术形式放置于不同比赛实践环境,并与不同类型、不同风格特点的对手进行反复练习、对比、求证,经过这样一个反复检验过程而形成战术,才能根据不同的对手做到临场应变战术。

第三节 跆拳道战术的形式

战术形式,是指为了完成战术意图而由各种技术动作组成的具体方法。按照竞技跆拳道战术的表现形式,可将常用的战术分为以下几种类型:

一、反击战术

反击战术是待对方发出进攻时,在防守后或防守中给予对手反击或迎击。攻守对抗历来讲究“以静制动”,“后发先至”。这是因为采用主动进攻时,身体的某一部位必然会产生防守漏洞或薄弱环节。“以静制动”就是根据对手进攻的薄弱环节或防守漏洞,实施“后发先至”的反击或迎击战术。

二、强攻战术

强攻战术是指硬性突破对方的防守后发出的攻击。强攻也称猛攻,是一种先发制人的主动进攻,是有计划有准备的战术行动。比赛开始后就猛烈进攻,采取出其不意,攻其不备的战术,借以打乱和破坏对手动作节奏,消耗对手大量的体力,这样在短时间内取得绝对优势或掌控比赛场上的主动权。

这种战术的优点是直接掌控比赛场上的主动权,利用强攻战术在短时间内取得绝对的优势;若和对手技战术相当,而对手体力差时,开始就猛攻,不让对手有喘息和调整的机会,使对手一直处于被动;若对手经验不足,强攻就会使对手处处受制,技战术不能正常发挥。

这种战术的缺点是:快节奏的攻击对方,导致自己的体力也消耗较快,在体力下降的情况下,容易露出破绽,给对手反败为胜的机会,或者是对手用以逸待劳的战术克制自己等。

所以运用强攻战术应具备的条件是:

(1)力量、速度、耐力素质比较好,但技术不如对方时;

(2)身体素质好,技术比较全面,但比赛经验不如对手时;

(3)对方的近战能力比较差时;

(4)对方的耐力比较差时;

(5)对方的心理素质比较差时。

三、控制对手长处发挥战术

控制对方的长处是采用相应的方法,控制对手战术发挥的意识。一般来说,每个运动员都有自己擅长的技术,在比赛中运动员要能及时发现对方擅长使用的技术,针对对方擅长的技术动作,调整自己的战术,采用相应的方法,使对方擅长的技术不能正常发挥,从而被迫使对方采用其他的动作,这无疑能起到制彼所长的作用。

采用这种战术的方法有:

(1)克制善于打贴身战的对手。方法:可始终与其保持实战距离,在自己击打的角度、距离、时机允许的情况下进攻或反击对方得分。

(2)克制善于打远距离的对手。方法:可破坏对方的实战距离,利用步法的移动迅速接近对方,在使用技术动作时,可在近距离形成互攻,为二次进攻打下基础。

(3)克制善于主动进攻的对手。方法:要让对手和自己始终保持实战距离,控制对方的动作,抓准时机自己主动进攻,迫使对方防守反击。

(4)克制善于防守反击的对手。方法:可引诱对方主动进攻,自己进攻时可采用假动作和不易被反击的技术,打乱对方的反击节奏。

(5)克制能攻能守的对手。方法:做到有序进攻,稳妥防守,抓住战机,合理运用技术动作得分。

四、直攻战术

直攻战术,是指运动员在没有虚晃及假动作的掩护下,使用技术动作直接进攻对方。使用这种战术主要是运用步法主动创造战机,一旦机会来临,使用技术动作直接进攻对方，这种战术要求自己的动作速度一定要快，要能及时调控距离,抓住战机来对付对手的进攻或者是反击动作。

运用直攻战术时须具备以下条件:

(1)当对方的反应速度、动作速度、位移速度没有自己快时;

(2)当对方体力下降时;

(3)当对方出现习惯性动作时;

(4)当对方攻防动作不够熟练时;

(5)当与对方的距离能有效地使用进攻动作时。

五、引诱式战术

引诱是有目的地造成对方的错觉,实现真实进攻的目的。随着运动员技术水平的普遍提高,特别是当对手防守能力强,动作反应快时,直接进攻容易被迎击或防守反击,而采用左右、前后、上下虚晃的假动作可以转移、分散对方的注意力,也可以有意露出破绽,给对手进攻的假象,待他做出反应后在运用进攻或反击战术。促使对手对自己的假动作产生某些反应,根据对手的情况加以利用。

在使用引诱战术时,假动作要真,真到骗过对手;真动作要快,快在对手的前面。更要发挥假动作与真动作衔接的意识上。如:使用后腿横踢攻击对方的头部,可先用前横踢假进攻后迅速后撤,等对手运用动作时,则使用后横踢动作直接迎击对方的头部。

六、迂回战术

迂回是指利用步法的移动从侧面进攻对手。当对方正面运用技术动作进攻时,根据比赛场上的情况,向前、后、左、右方向移动步法。即可以避其锋芒,又可以制造战机,也可以乘对方进攻时,通过步法的移动,在防守的过程中反击对方。

因此,在迂回战术移动步法中,要注意移动的角度、方向、距离和进攻的时机,更要注意迂回过程中格挡反击和身体位移的突变性。

七、边角战术

边角战术是指比赛过程中一方运动员临近边界线时，另一方运用技术逼打对方出界的行为,称边角战术。边角战术在两种情况下实施:一是利用规则将对方逼打出边界线,规则规定当运动员两脚越出了边界线,裁判应立即给予(警告)的处罚(受警方扣0.5分),二是利用对方怕失分的心理因素,堵住正面,守住两边,围而不打但步步紧逼,造成对手心理恐慌,技战术节奏失控,失误增多,这时应抓住时机,果断、迅速地力争多得分。

八、KO战术

KO战术是指比赛中在规则允许的范围内,运动员被合法的技术击倒。运用此战术能使对手在身体上、心理上产生巨大的威慑力,将丧失继续比赛的能力和意识。

实施KO战术时,要求运动员有较好的专项能力、而且击打时要迅速、准确、有力。因为在跆拳道比赛中,KO对方主要部位是头部,它的攻击路线长且有一定高度,要减少动作的运行时间或寻找击头的机会后要快速、果断击打对方的头部,不给对手防范的机会。

在防守上,由于头部目标小,灵活且移动迅速,在比赛中不易捕捉,击头的概率较小,一旦在比赛中出现这种瞬间即逝的机会,运动员就要毫不犹豫地果断击打,并且要准确到位,一击成功(击打头部本身具有一定的危险性,路线长、回收或转换动作慢,击打落空后失分几率较大)。当然,击打身体躯干也同样可以KO对方,只不过需要更大的动作力量。所以,KO战术的实施,必须在平时的训练中加强动作的速度、力量、准确性,时机、距离、意识的培养。

九、心理战术

心理战术,是通过某种特定的方式和措施,造成对手心理上产生压力,进而技术失常的方法。心理战术形式多样而富于变化,如赛前隐瞒事实而麻痹对方;漏出破绽造成对手的错觉;激怒对手或松懈对手的斗志等。都是从心理上干扰对手心智,影响对手技术发挥。比赛中的强攻战术、边角战术、引诱战术等,都具有心理战术的因素,其目的就是迫使对手紧张、急躁、恐惧、气馁等不利于比赛的心理情绪出现。比赛中无论出现哪一种心理因素,都要抓住机会,利用规则允许的技术合理地形成攻击。

第四节　跆拳道战术的训练

战术训练是由假设性空击训练、实战训练、模拟训练、战术分解训练、比赛训练等组成。因此,战术训练是以基本要求为基础,依靠训练来提高战术运用的能力,根据比赛需要来制定训练的方法。

一、进行战术训练的基本要求

(一)加强战术意识的培养

战术意识是指运动员在比赛中为达到特定的战术目的而决定自己战术行为

的思维能力和过程。在平时训练中要注重培养运动员的战术意识,加强专项理论知识的学习和研究。因为在跆拳道比赛中,战术运用要靠赛前收集了解对手的情况,教练员和运动员要共同制定战术方案,根据对手的技术特长有针对性的进行模拟战术训练,比赛中才能达到克敌制胜。才能在瞬息万变的对抗情况下,依靠教练员临场观察指挥、依靠运动员战术应变能力、战术思维能力、独立作战能力等战术意识的调节,形成战术意识的培养。

因此,在训练过程中,要通过各种途径使运动员学会比较、分析、判断、促进战术意识的运用和提高。

(二)强化战术意识的针对性

在加强基本技术训练的前提下,首先要精练几种战术,还要多看、多打实战和比赛,从实战和比赛的胜利和失败中总结经验教训。这样,运动员才能在临场比赛中根据战局的需要灵活地运用战术。在战术训练中,不能华而不实,只求多而不精。在战术运用中,要具有自己的技术风格,不仅要求运动员全面掌握技术运用的方法,还应严格按照比赛的规则去练,比赛中运用战术时才能有较高的质量。除基本技术外,还应根据自己的技术特点,确立对待不同对手的几种特殊的战术方案,以适应各种战局的需要。

(三)战术训练要同其它训练相结合

战术训练是在身体素质、技术训练、心理素质、意志品质、等基础上通过训练形成的。还要结合竞技规则去整合战术的需要,要把战术训练与身体素质、技术、心理、智能、有机地结合起来,形成自己的技、战术风格。

二、跆拳道战术训练的方法

(一)假设性空击训练

空击是练习动作速度、动作的连贯性、战术运用的最好方法。因为假设性地运用相应的打法形式去破解对方的招式。如:设想对手主动抢后腿横踢,我即可用相应的"反击战术"破之。这样练习可以一个战术反复练习。总之可以设想对手运用各种技战术进行进攻和反击,根据自己身体的移动进行不同的设想战术练习。这种想练结合的方法,主要是培养运动员的战术意识和掌握各种战术的具体方法。

(二)实战训练

实战训练是指以比赛的方式进行训练的方法。优势:按照竞赛规则的要求与规定,根据实战对抗的实际情况,培养运动员运用战术的能力,丰富运动员临场对抗的经验。在训练中也可根据从难、从严、从实战需要出发的原则,安排有特定条件的"对抗实战",如不同级别、不同性别、不同技术水平的队员进行对抗比赛,或一场三局比赛中每局换一个不同技术风格的对手，借此来提高和训练运动员战术合理运用及不同对手自己临场应变的能力。

训练中，让学生了解，每一个技术动作在不同的情势下，不同的方向角度，不同的对手，不同的运用方法等会有不同的结果。每一个技术动作的变化都是实战的需要，只有紧紧抓住这个变化的规律和特点，才能做到练战结合，战术的运用才能在实战中真正地充分体现。

（三）模拟训练

模拟训练是由教练员或同伴效仿不同战术训练所需的技术动作，陪主练队员练习的一种方法。用以提高战术运用能力和适应对手战术运用能力。主要体现两个方面：1. 比赛对手的模拟（要求技术水平相当）。即让陪练队员模仿比赛条件下主要对手的主要特征，让运动员与陪练者反复练习，或在与比赛环境相似的条件下练习，以适应对手的打法；2. 比赛动作的模拟。陪练队员模拟某一运动员的技术动作时要动作逼真，根据对手是主动进攻型或者是防守反击型，进行击打主练队员。主练队员则运用能克敌制胜的战术，尽快适应对手技术运用能力和战术运用能力。

（四）战术分解训练

战术一般是由几个技术动作组成，首先可以从比赛录像中选择一些反映跆拳道战术特点和应用战术较典型的技、战术，组织运动员观看，典型技战术片断可选择运用好的，也可选择战术运用不好的，借助声像的直观印象，通过教练员的提问、分析、讲解，使运动员意识到好的战术运用的方法，加深对战术的理解，启发学生运动员综合分析问题的能力。也可以将这几个技术动作分解逐一练习，最后在完整练习。如：移步反击，可以先练移步（练习时要快速向后、左或右快速移动转体），后练反击（移步后练习反击动作，要控制击打的距离），在练组合（动作移步—转身—击打要一次完成），要求：移步要突然，反击要及时，得点要清晰。

（五）比赛训练

通过比赛使运动员的技术技能向更高质量方面变化，同时，在高度紧张、技术动作瞬息万变的激烈对抗下，有效地运用技术和战术，可增强练习者的自信心，丰富其临场经验，为真正进入高水平比赛创造条件。

运用比赛法教练员要注意：

1. 比赛中对运动员要求不要过多，先抓住重要的方面，在局与局之间（1 分钟休息时）快速进行战术布置。

2. 要求运动员在比赛中能够合理的运用技术，能够对对手的基本进攻意图有正确的认识和判断。

3. 注意培养提高运动员在比赛中对攻防战术基本原则的理解和运用能力。

4. 表扬和批评相结合，比赛中语言作为第二信号系统刺激物，表扬和批评对运动员产生了什么性质和什么程度的刺激，对运动员的情绪和技战术发挥水平有着重要的影响。一般认为，表扬、鼓励比批评具有更大的原动力。所以，比赛场上根据运动员的表现，灵活地使用这两种方式。

思考题

1. 怎样理解战术训练的形式？

2. 跆拳道在战术训练时要注意哪些事项？

3. 跆拳道战术训练的方法有哪些？

第五章　跆拳道品势教学

第一节　跆拳道品势简述

跆拳道品势(又称型),是指练习者以技击为主要内容,将一定数量的动作编排起来,通过攻守进退的动作编排,形成固定模式进行练习的一种形式。品势与中国武术的套路相似,是学习跆拳道的一种方法,也是跆拳道练习的一种形式,它在预定条件下进行攻防假设性练习,要求练习者以意诱敌,熟练地掌握各种单人技术动作,以便能在正式比赛中运用。因此,练习品势是跆拳道选手入门的必由之路。品势的练习,可以使身体各部位得到较为全面的训练,并能有效地增强体质。

跆拳道的品势有许多种,基本品势有太极、高丽、金刚等。品势依据“演武线”来区别,所谓“演武线”,就是打这个套路的时候人在地上走的方向和角度。如,高丽型练习进行线路采“士”字型;金刚,进行线呈“山”字型;太白走“工”字型路线等。跆拳道品势共有 20 多种,每种都包含各自的意义、内涵和要求,这也是国际跆拳道联盟对外推广这项运动的一个特有表现形式。

跆拳道修炼者水平的高低,以“品”、“级”、“段”来划分。品位分为一式至三式,级位分为 10 级至 1 级,段位分为一段至九段。跆拳道有严格的技术水平等级制度和晋级升段考核要求,通过相应时间及课程的教学,逐步从 10 级上升至 9 级、8 级、7 级……直至达到较高水平的 1 级;1 级以后进入段位, 一段至三段为黑带新手的段位,四段至七段属高水平段位,九段只授予具有很高学识造诣和对跆拳道的发展做出重大贡献的杰出人物。15 周岁以下的未成年选手达到一段至三段的水平,则授予一品、二品、三品,而不是段位。

跆拳道晋级升段的目的是用于评定一名跆拳道练习者的技术水平、学识造诣和名誉地位等。着装是反映一名跆拳道选手等级的明显标志。在跆拳道运动中,练习者的等级技术水平主要靠腰带和服装的颜色加以区别。晋级升段从低到高依次为白带(10 级)、白黄带(9 级)、黄带(8 级)、黄绿带(7 级)、绿带(6 级)、绿蓝带(5 级)、蓝带(4 级)、蓝红带(3 级)、红带(2 级)、红黑带(1 级)、黑带(一段至九段)。白带代表纯洁,练习者没有任何跆拳道知识和基础,一切从零开始。练习者经过一段时间的训练,已经了解跆拳道的基本知识,并学会一些基本技术,就开始由白带向黄带过渡。黄带是大地的颜色,表示学习者象植物在泥土中生根发芽一样,在此阶段要打好基础,并学习大地厚德载物的精神。黄绿带,介于黄带与绿带之间的水平,练习者的技术在不断上升。绿带是植物的颜色,代表练习者的跆拳道技术开始枝繁叶茂,跆拳道技术在不断完善。绿蓝带,由绿带向蓝带的过渡带,练习者的水平处于绿带与蓝带之间。蓝带是天空的颜色,随着不断的训练,练习者的跆拳道技术逐渐成熟,就象大树一样向着天空生长,练习跆拳道已经完全入门。蓝红带,练习者的水平比蓝带略高,比红带略低,介于蓝带与红带之间。红带,红色是危险、警戒的颜色,表示练习者已经具备相当的攻击能力,对对手已构成威胁,要注意自我修养和控制。红黑带,表示白色的对立,相对白色技术已经熟练,意味着黑暗中也能发挥自身能力。经过长时间系统的训练,练习者已修完从10级至1级的全部课程,开始由红带向黑带过渡。黑带代表练习者经过长期艰苦的磨练,其技术动作与思想修为均已相当成熟。也象征跆拳道黑带不受黑暗与恐惧的影响。一段到三段为学习阶段,称为Assistant instructor(副师范),四段到六段为步入行家阶段,称Instructor(师范),七段和八段者称为Master(师贤),九段最高称为Grand master(师圣)。黑带只有通过考核合格后才有资格系结。主要是参加全国性或国际性跆拳道比赛,也可担任跆拳道教练指导跆拳道运动,并具备申请国际教练、国际裁判的资质条件。

太极品势是在初级别中,对应各个色带级别的8个品势。在黑带之前,学员必须熟练掌握太极八章套路,它是初学者应掌握的基本品势。黑带后,每一个段位,一般地,又对应需要学习各自的品势,例如:黑一,高丽;黑二,金刚;黑三,太白;黑四,平原;黑五,十进;黑六,地跆;黑七,天拳;黑八,汉水;黑九,一如。当然考段不仅仅涉及考套路品势这一样要求,还涉及其他要求。

跆拳道品势中的太极型取自太极的精神,所谓太极即是阐明宇宙从无极而太极,以至万物化生的过程。其意指太极是宇宙哲学的根本,显示宇宙无穷尽的变化及其奇特的对立、依存、消长和转化等作用。易经系辞:"太极生两仪",其中的太极即为天地未开、混沌未分阴阳之前的状态。两仪即为太极的阴、阳二仪。系辞传又说:"两仪生四象,四象生八卦"。浩瀚宇宙间的一切事物和现象都包含着阴和阳,以及表与里的两面。它们之间既互相对立斗争又相互资生依存,这既是物质世界的一般规律,是众多事物的纲领和由来,也是事物产生与毁灭的根由所在。

因此,在太极的八个"型"中均融入了太极之阴、阳而成的哲理,其运行演练进行路线,亦均采用了阴阳八卦的图形线。并且将宇宙间之诸种现象,于"型"的攻防技术运行中,以高低缓急与刚柔并济及进退闪挡等之诸种变化表现出来。太极品势一共有八章,分别代表太极的八个爻。

太极一章,意味着八卦的"乾",指天和阳。就像乾是万物的根源一样,它是跆拳道的第一个品势或八级品势。特征是以最简单的基本姿势为主,加上基础的防御动作。

太极二章,意味着八卦的"兑",指外柔内刚。通过第一章的修炼的基础,能够做基本的格挡和腿法,是跆拳道七级品势。

太极三章，意味着八卦的“离”，象征和火一样的热与明亮。通过跆拳道的修炼产生像火一样的正义感和修炼欲望，从而向更高技术晋级。新的动作有手刀的攻击和防御，连续攻防技术等，是跆拳道六级品势。

太极四章，意味着八卦的“震”，象征和雷一样强大的力量和威严。作为蓝带的品势有许多高难技术，如手刀中段防御，贯手，燕式手刀防御，侧踹，背拳……，是跆拳道五级品势。

太极五章，意味着八卦的“巽”，象征风和随着风的强弱而变化的气势和宁静。是掌握力量强弱的初级阶段，有许多新的技术动作，是跆拳道四级品势。

太极六章，意味着八卦的“坎”，象征连绵不断的流水和像流水一样的柔。就像万物的根源——水的特征一样，技术的连接要求像水一样自然，顺畅。

太极七章，意味着八卦的“艮”，象征山和像山一样的稳重和坚固。成为跆拳道红带后，身上会有像山一样不被动摇的修炼意识和通过技术吸收而掌握的力量和稳健。这一章中出现了许多有难度的技术动作，是跆拳道二级品势。

太极八章，意味着八卦的“坤”，代表地和阴、树根和像深扎在地中的根一样的安定、有始有终。这也是跆拳道级别修炼的最后一个品势，随着色带修炼的结束，掌握太极一到八章后将被赋予参加公认黑带升级考核的资格。

第二节　跆拳道太极品势教学

一、太极一章

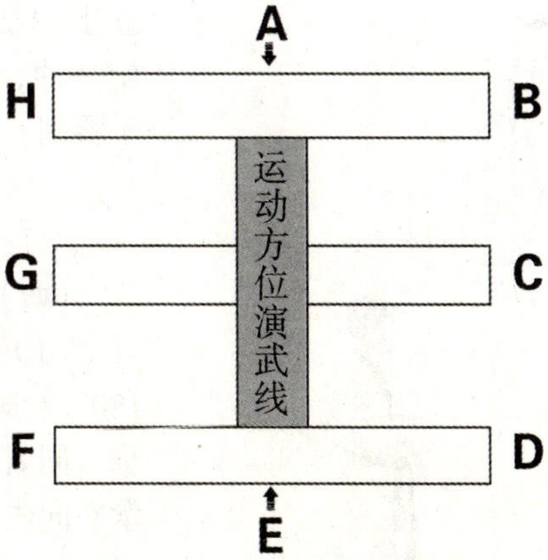

（一）准备姿势

（1）两脚并拢，两手握拳贴于身体两侧，两眼平视前方。

(2)左脚向左开半步与肩同宽，两小臂由下向上屈至胸前。

(3)两小臂由上向下屈臂至腹前握拳，拳心向内，眼睛平视前方。

(二)左转身立步下截

(1)身体左转 90°，左脚迈向(B 方向)成前立步，同时左拳收于右肩部上方，拳心向内，右臂前伸，掌心向下。

(2)左小臂内旋下截(防左下段)，拳心向下，同时右拳回收腰间。

(三)右顺步冲拳

(1)右脚向前上一步，成前立步(B 方向)，同时右拳向前内旋平冲，与胸同高，左拳同时收于腰间。

(四)右转身立步下截

(1)身体以左脚为轴右转 180°，右脚迈向(H 方向)成前立步，同时右拳收于左肩部上方，拳心向内，左臂前伸，掌心向下。

(2)右小臂内旋下截(防右下段)，拳心向下，同时左拳回收腰间。

（五）左顺步冲拳

（1）左脚向前上一步，成前立步（H 方向），同时左拳向前内旋平冲，与胸同高，右拳同时收于腰间。

（六）左弓步下截

（1）身体左转 90°，左脚迈向（E 方向）成左弓步，同时左拳收于右肩部上方，拳心向内，右臂前伸，掌心向下。

（2）左小臂内旋下截（防左下段），拳心向下，同时右拳回收腰间。

（七）左弓步冲拳

（1）左弓步保持不变，右拳向前内旋平冲（E 方向），左拳回收腰间。

（八）右转身中格

（1）右脚向右前方上半步（G 方向）成前立步，身体右转 90°，左拳由腰间向外旋转，拳心向外，右拳曲肘前伸。

（2）左臂内旋至胸前中格（防中段），略低于肩，同时右拳回收腰间。

(九)左顺步冲拳

(1)左脚向前上一步,(G方向)成前立步,右拳向前内旋平冲,与胸同高,同时左拳收于腰间。

(十)左转身中格

(1)左脚向后左前方上半步(C 方向)成前立步,身体左转 180°,右拳由曲肘向外旋转,拳心向外,右拳曲肘前伸。

(2)右臂内旋至胸前(防中段),略低于肩,同时左拳回收腰间。

(十一)右顺步冲拳

(1)右脚向前上一步,(C 方向)成右前立步,左拳向前内旋平冲,与胸同高,同时右拳收于腰间。

(十二)右弓步下截

(1)身体左转 90°,右脚迈向(E 方向)成右弓步,同时右拳收于左肩部上方,拳心向内,左臂前伸,掌心向下。

(2)右小臂内旋下截(防右下段),拳心向下,同时左拳回收腰间。

(十三)右弓步冲拳

(1)右弓步保持不变,左拳向前内旋平冲(E方向),右拳回收腰间。

(十四)左前上步上格

(1)身体左转90°,左脚向左前方上半步(D方向)成左前立步,同时右臂内旋收于左侧,左拳收于腹前置于右肘下,拳心向内。

(2)左臂外旋至额头前上格挡(防上段),右拳回收腰间。

(十五)右前踢冲拳

(1)上体保持不变,右脚以膝关节为轴屈膝前踢(D方向)。

(2)右脚收回,放松下落成右前立步,左拳前伸缓冲,右拳收于腰际。

(3)上动不停,左拳收于腰间,同时右拳向前内旋平冲与胸同高。

(十六)右转身上格

(1)右脚向后撤一步,右转体180°成右前立步(F方向),同时右臂内旋收于左腹前置于左肘下,拳心向内,左拳收于右侧。

(2)右臂外旋至额头前上格挡(防上段),左拳回收腰间。

（十七）左前踢冲拳

（1）上体保持不变，左脚以膝关节为轴屈膝前踢（F方向）。

（2）左脚收回，放松下落成左前立步，右拳前伸缓冲。

（3）上动不停，右拳收于腰间，同时左拳向前内旋平冲与胸同高。

（十八）左弓步下截

（1）身体右转90°，左脚迈向（A方向）成左弓步，同时左拳收于右肩部上方，拳心向内，右臂前伸，掌心向下。

（2）左小臂内旋下截（防左下段），拳心向下，同时右拳回收腰间。

（十九）右弓步冲拳

（1）左脚不动，右脚向前上一步成右弓步，同时右拳向前内旋平冲与胸同高，左拳收于腰间。

（二十）收势

（1）身体以右脚为轴，向左后转180°，同时左脚后撤与右脚平行成准备姿势

(A 方向)。

二、太极二章

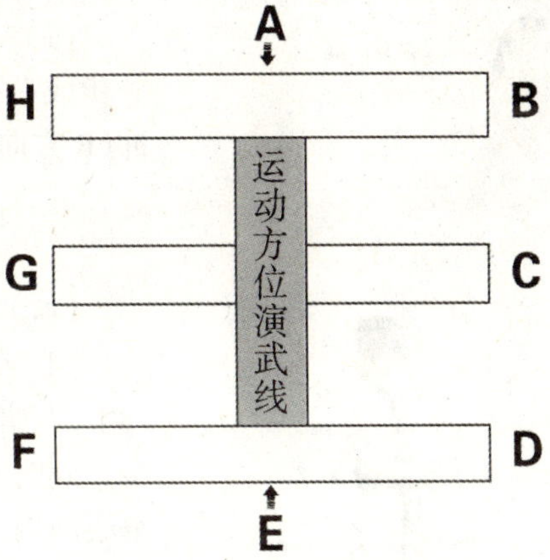

(一)准备姿势

(1)两脚并拢,两手握拳贴于身体两侧,两眼平视前方(A 方向)。

(2)左脚向左开半步与肩同宽,两小臂由下向上屈至胸前。

(3)两小臂由上向下屈臂至腹前握拳,拳心向内,眼睛平视前方。

(二)左转身立步下截

(1)身体左转 90°,左脚迈向(B 方向)成前立步,同时左拳收于右肩部上方,拳心向内,右臂前伸,掌心向下。

(2)左小臂内旋下截(防左下段),拳心向下,同时右拳回收腰间。

(三)右弓步冲拳

(1)左脚不动,右脚向前上一步成右弓步,右拳向前内旋平冲(B方向),左拳回收腰间。

(四)右转身立步下截

(1)身体以左脚为轴右转180°,右脚迈向(H方向)成前立步,同时右拳收于左肩部上方,拳心向内,左臂前伸,掌心向下。

(2)右小臂内旋下截(防右下段),拳心向下,同时左拳回收腰间。

(五)左弓步冲拳

(1)右脚不动,左脚向前上一步成左弓步,左拳向前内旋平冲(H方向),右拳回收腰间。

(六)左转身中格

(1)身体左转90°,左脚迈向上半步(E方向)成左前立步,两臂打开,右拳由腰间向外旋略高于肩,拳心向外,左臂平伸与肩同高。

(2)右臂内旋至胸前中格(防中段),略低于肩,同时左拳回收腰间。

（七）立步内格挡

（1）右脚向前上半步（E 方向）成右前立步，两臂打开，左拳由腰间向外旋略高于肩，拳心向外，右臂平伸与肩同高。

（2）左拳内旋中格挡至胸前（防中段），要略低于肩，右拳回收腰间。

（八）左转身立步下截

（1）身体左转 90°，左脚迈向（C 方向）成前立步，同时左拳收于右肩部上方，拳心向内，右臂前伸，掌心向下。

（2）左小臂内旋下截（防左下段），拳心向下，同时右拳回收腰间。

（九）右前踢冲拳

（1）上体保持不变，右脚以膝关节为轴屈膝前踢。

（2）右脚屈膝回收，下落（C 方向）成右前弓步，左拳前伸缓冲，右拳收于腰间。

（3）上动不停，右拳向前上方内旋冲出，左拳收于腰间。

（十）右转身立步下截

（1）右脚向后撤 180°身体右转（G 方向）成右前立步。同时右拳收于左肩部上方，拳心向内，左臂前伸，掌心向下。

（2）右小臂内旋下截（防右下段），拳心向下，同时左拳回收腰间。

(十一)左前踢冲拳

1. 上体保持不变,左脚以膝关节为轴屈膝前踢。

(2)左脚屈膝回收,下落(G 方向)成左弓步,右拳前伸缓冲,左拳收于腰际。

(3)上动不停,左拳向前上方内旋冲出,右拳收于腰间。

(十二)左转身上步上格挡

(1)左脚向左前方上半步(E 方向)身体左转 90°成左前立步,同时右臂内旋收于左侧,左拳收于腹前置于右肘下,拳心向内。

(2)左臂外旋至额头前上格挡(防上段),右拳回收腰间。

(十三)立步上格挡

(1)右脚向前上半步(E 方向)成右前立步,同时左臂内旋收于右侧,右拳收于腹前置于左肘下,拳心向内。

(2)右臂外旋至额头前上格挡(防上段),左拳回收腰间。

(十四)转身中格

(1)以右脚为轴,身体向左后方转 270°(F 方向) 成左前立步,右拳由腰间向外旋转略高于肩,拳心向外,左臂前伸,掌心向下。

(2)右臂内旋至胸前(防中段),略低于肩,同时左拳回收腰间。

(十五)右转身中格

(1)以左脚为轴,身体向右后转180°(D方向)成右前立步,左拳由腰间向外旋转略高于肩,拳心向外,右臂前伸,拳心向下。

(2)左臂内旋格挡至胸前(防中段),略低于肩,同时右拳回收腰间。

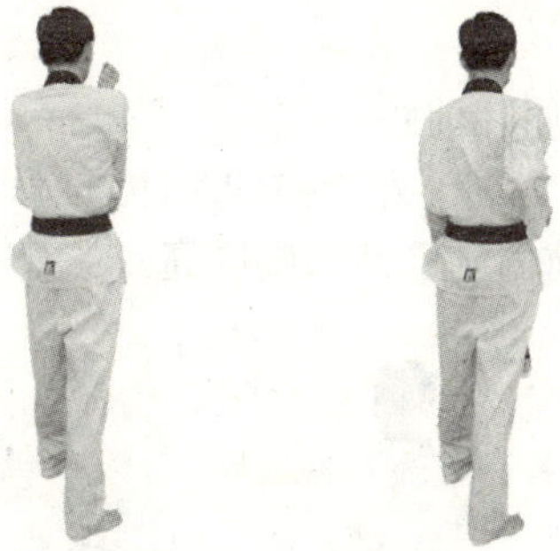

(十六)左转身立步下截

(1)身体左转90°,左脚迈向(A方向)成前立步,同时左拳收于右肩部上方,拳心向内,右臂前伸,掌心向下。

(2)左小臂内旋下截(防左下段),拳心向下,同时右拳回收腰间。

(十七)右前踢冲拳

(1)上体保持不变,右脚以膝关节为轴屈膝前踢。

(2)右脚收回,放松下落(A方向)成右前立步,左拳前伸缓冲,右拳收于腰间。

(3)上动不停,左拳收于腰间,右拳向前内旋平冲与胸同高。

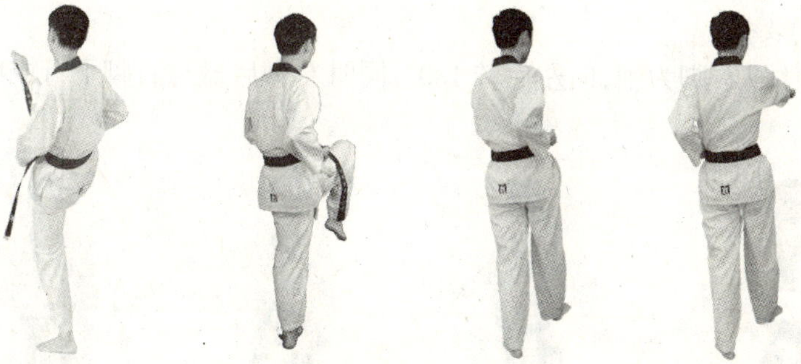

(十八)左前踢冲拳

(1)上体保持不变,左脚以膝关节为轴伸膝前踢。

(2)左脚收回,放松下落(A方向)成左前立步,右拳前伸缓冲,左拳收于腰间。

(3)上动不停,右拳收于腰间,同时左拳向前内旋平冲与胸同高。

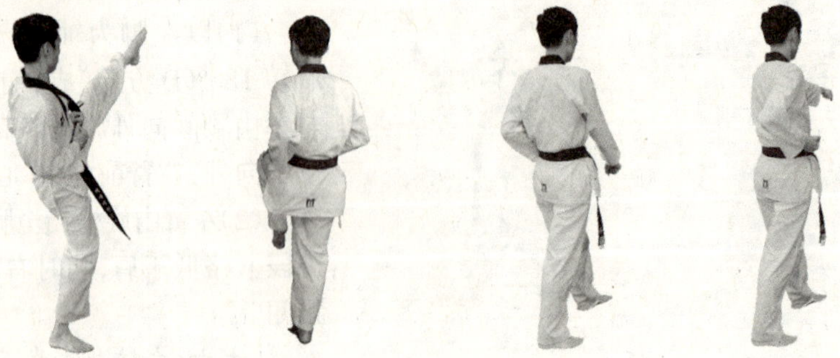

(十九)右前踢冲拳

(1)上体保持不变,右脚以膝关节为轴屈膝前踢。

(2)右脚收回,放松下落成右前立步(A 方向),左拳前伸缓冲,右拳收于腰间。

(3)上动不停,左拳收于腰间,右拳向前内旋平冲与胸同高。

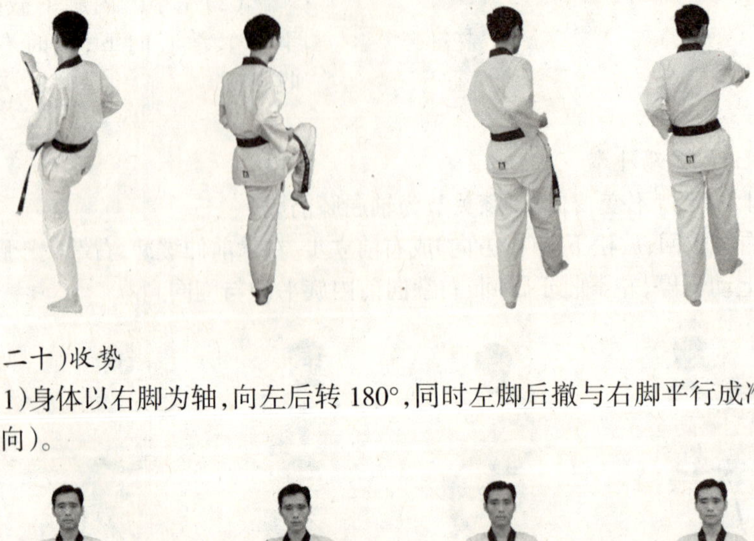

(二十)收势

(1)身体以右脚为轴,向左后转 180°,同时左脚后撤与右脚平行成准备姿势(A 方向)。

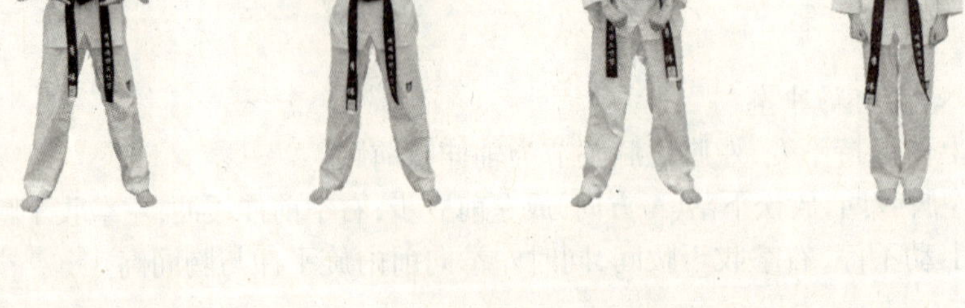

三、太级三章

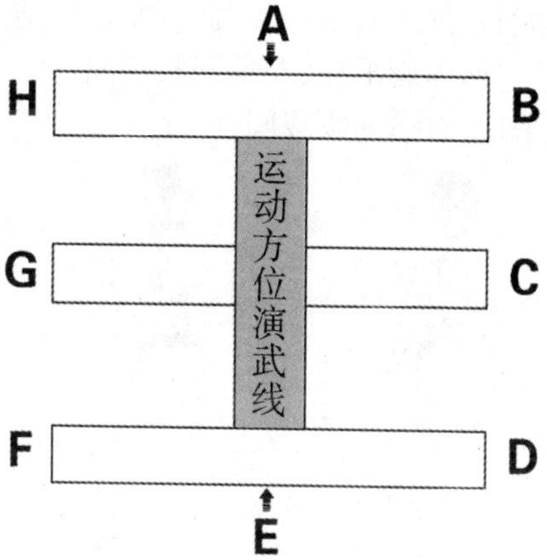

（一）准备姿势

（1）两脚并拢，两手握拳贴于身体两侧，两眼平视前方。

（2）左脚向左开半步与肩同宽，两小臂由下向上屈至胸前。

（3）两小臂由上向下屈臂至腹前握拳，拳心向内，眼睛平视前方。

（二）左转身立步下截

（1）身体左转 90°，左脚迈向（B 方向）成前立步，同时左拳收于右肩部上方，拳心向内，右臂前伸，掌心向下。

（2）左小臂内旋下截（防左下段），拳心向下，同时右拳回收腰间。

（三）前踢左右冲拳

（1）上体保持不变，左脚支撑，右脚以膝关节为轴屈膝前踢（B 方向）。

（2）右脚放松前落成右弓步，右拳回收腰间，左拳向前下缓冲。

（3）上动不停，右拳向前内旋平冲，左拳回收腰间。

（4）左拳向前内旋平冲，右拳回收腰间（B 方向）。

（四）右转身立步下截

（1）身体以左脚为轴右转 180°，右脚迈向（H 方向）成前立步，同时右拳收于左肩部上方，拳心向内，左臂前伸，掌心向下。

（2）右小臂内旋下截（防右下段），拳心向下，同时左拳回收腰间。

（五）前踢左右冲拳

（1）上体保持不变，右脚支撑，左脚以膝关节为轴屈膝前踢（H 方向）。

（2）左脚放松前落成左弓步，左拳回收腰间，右拳向前向下缓冲。

（3）上动不停，左拳向前内旋平冲，右拳回收腰间。

（4）右拳向前内旋平冲，左拳回收腰间。

（六）左转身砍掌

（1）身体左转 90°，左脚向左前上步迈向（E 方向）成左前立步，同时两手打开，右拳由腰间向外旋变掌与肩同高，掌心朝外，左拳前伸，掌心向下。

（2）右掌内旋，由外向内横砍对方颈部，同时左拳回收腰间。

（七）上步砍掌

（1）右脚向前上半步（E 方向）成右前立步，右掌变拳，拳心朝下，两手打开，左拳由腰间向外旋变掌与肩同高，掌心朝外，右拳前伸，掌心向下。

（2）左掌内旋，外向内横砍对方颈部，同时右拳回收腰间。

（八）左转身手刀外格

（1）身体左转 90°，右脚保持不动，左脚（C 方向）上步成右后屈立步，同时两臂在右胸前交叉。左掌在外，右拳前内。

（2）左臂外旋，左掌由右向左横向格挡，掌与肩同高，同时右拳回收腰间。

（九）左弓步冲拳

（1）左脚向前上半步成左弓步，左拳向前向下直臂缓冲，右拳回收腰间。

（2）上动不停，右拳内旋由腰间平冲（C 方向）与胸同高，同时左拳回收腰间。

(十)右转身手刀外格

(1)身体以左脚为轴右转180°,(G 方向) 成右后屈立步,同时两臂在左胸前交叉。右掌在外,左拳前内。

(2)右臂外旋,右掌由左向右横向格挡,掌与肩同高,同时左拳回收腰间。

(十一)右弓步冲拳

(1)右脚向前上半步成右弓步,右拳向前向下缓冲,左拳收回腰际。

(2)上动不停,左拳内旋由腰间平冲(G 方向)与胸同高,同时右拳回收腰间。

(十二)左转身内格

(1)身体左转 90°,左脚向左前上半步(E 方向)成左前立步,同时两臂打开,右拳由腰间向外旋与肩同高,拳心朝外,左臂前伸,拳心向下。

(2)右拳内旋中格挡至胸前略低与肩,同时左拳回收腰间。

(十三)前立步内格

(1)右脚向前上半步(E 方向)成右前立步,两臂打开,左拳由腰间向外旋与肩同高,拳心朝外,右拳前伸,拳心向下。

(2)左拳内旋中格挡至胸略低于肩,同时右拳回收腰间。

(十四)转身立步下截

(1)以右脚为轴,身体向左后转 270°成左前立步(F 方向),同时左拳收于右肩部上方,拳心向内,右臂前伸,拳心向下。

(2)左小臂内旋下截(防左下段),拳心向下,同时右拳回收腰间。

(十五)前踢左右冲拳

(1)上体保持不变,左脚支撑,右脚以膝关节为轴屈膝前踢(F 方向)。

(2)右脚放松前落成右弓步,左拳向前向下缓冲,右拳回收腰间。

(3)上动不停,右拳向前内旋平冲,左拳回收腰间。

(4)左拳向前内旋平冲,右拳回收腰间(F 方向)。

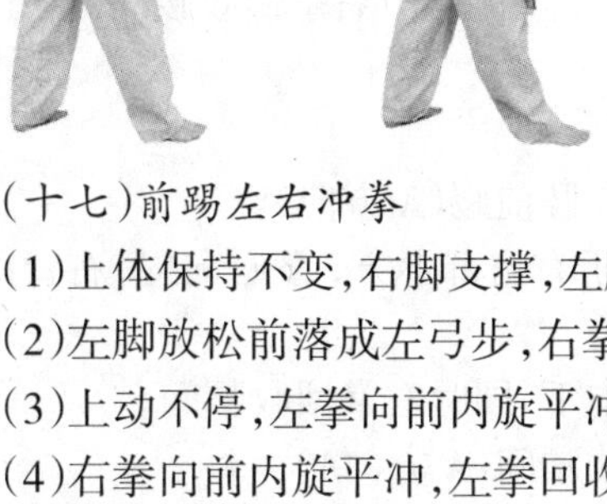

(十六)右转身立步下截

(1)右脚向后撤身体向后旋转 180°,身体右转(D 方向)成右前立步。同时右拳收于左肩部上方,拳心向内,左臂前伸,拳心向下。

(2)右小臂内旋下截(防右下段 D 方向),拳心向下,同时左拳回收腰间。

(十七)前踢左右冲拳

(1)上体保持不变,右脚支撑,左脚以膝关节为轴屈膝前踢(D 方向)。

(2)左脚放松前落成左弓步,右拳向前向下缓冲,左拳回收腰间。

(3)上动不停,左拳向前内旋平冲,右拳回收腰间。

(4)右拳向前内旋平冲,左拳回收腰间(D 方向)。

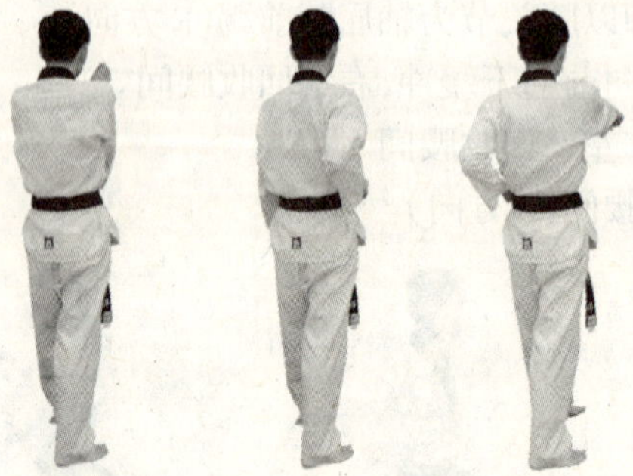

(十八)左转身立步下截冲拳

(1)身体以右脚为轴左转 90°,左脚向(A 方向)成左前立步,同时左拳收于右肩部上方,拳心向内,右臂前伸,拳心向下。

(2)左小臂内旋下截(防左下段),拳心向下,同时右拳回收腰间。

(3)上动不停,右拳由腰间内旋平冲,同时左拳回收腰间(A 方向)。

(十九)右立步下截冲拳

(1)右脚向前半步成右前立步(A 方向),同时右拳收于左肩部上方,拳心向内,左臂前伸,拳心向下。

(2)右小臂内旋下截(防右下段),拳心向下,同时左拳回收腰间。

(3)上动不停,左拳由腰间内旋平冲,同时右拳回收腰间(A 方向)。

(二十)左前踢下截冲拳

(1)上体保持不变,左脚以膝关节为轴屈膝前踢(A 方向)。

(2)左脚前落成左前立步,同时左拳收于右肩部上方,拳心向内,右臂前伸,拳心向下。

(3)左小臂内旋下截(防左下段),拳心向下,同时右拳回收腰间。

(4)右拳由腰间内旋平冲,同时左拳回收腰间(A 方向)。

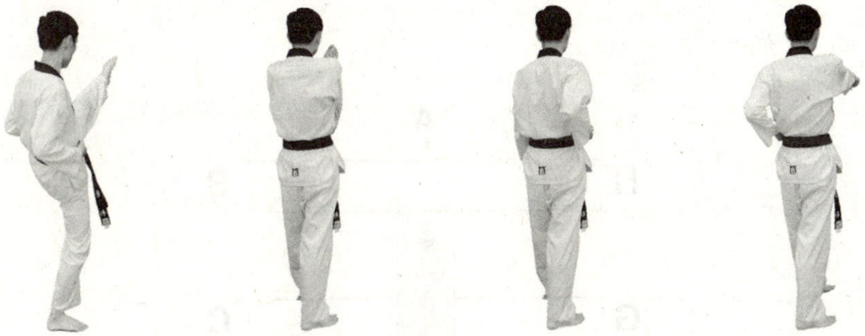

(二十一)右前踢下截冲拳

(1)上体保持不变,右脚以膝关节为轴屈膝前踢(A 方向)。

(2)右脚前落成右前立步,同时右拳收于左肩部上方,拳心向内,左臂前伸,拳心向下。

(3)右小臂内旋下截(防右下段),拳心向下,同时左拳回收腰间。

(4)左拳由腰间内旋平冲,同时右拳回收腰间(A 方向)。

(二十二)收势

(1)身体以右脚为轴,向左后转 180°,同时左脚后撤与右脚平行成准备姿势(A 方向)。

四、太级四章

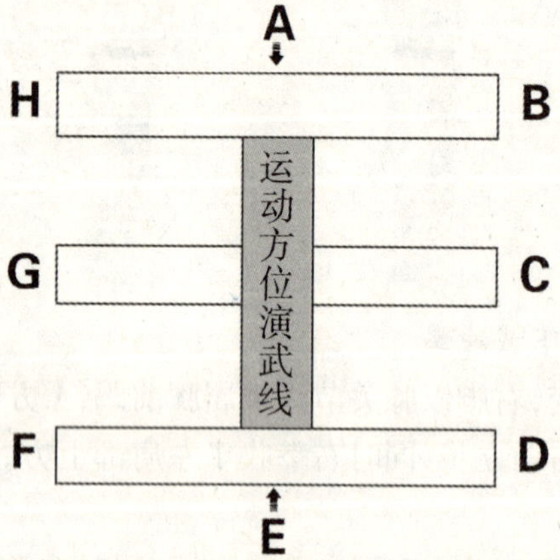

(一)准备姿势

(1)两脚并拢,两手握拳贴于身体两侧,两眼平视前方。

(2)左脚向左开半步与肩同宽,两小臂由下向上屈至胸前。

(3)两小臂由上向下屈臂至腹前握拳,拳心向内,眼睛平视前方。

(二)左转身横截

(1)身体左转 90°,左脚迈向(B 方向)成三七步,两拳变手刀,左手刀向左侧横截,掌心向下,与肩同高(防左中段),右手刀置于胸前,掌心向上。

(三)右弓步叉掌

(1)上右步成右弓步,左臂曲肘左手掌心下按(防对手前踢),右掌由胸前向正前方插击,右臂伸直,掌心朝左。

(四)右转身横截

(1)身体右后转 180°,右脚迈向(H 方向)成三七步,两拳变手刀,右手刀向右侧横截,手心向下,与肩同高(防右中段),左手刀置于胸前,掌心向上。

(五)左弓步冲拳

(1)上左步成左弓步,右臂曲肘右手掌心下按(防对手前踢),左掌由胸前向正前方插击,左臂伸直,掌心朝右。

(六)左弓步架砍

(1)以右脚为轴身体向左转 90°,左脚迈向(E 方向)成左弓步,右臂伸直横于身体的右侧,掌心向下,左掌横于右腋下,掌心向上。

(2)上动不停,左臂外旋曲肘横架停于额头前上方,掌心向前挡对方的攻击,右掌向前横砍攻击对方,掌心向上。

（七）右前踢冲拳

（1）上体保持不变，右脚以膝关节为轴屈膝前踢（E 方向）。

（2）右脚向前下落成右弓步，右拳向前向下缓冲，左拳回收腰间。

（3）上动不停，左拳向前内旋平冲，右拳收于腰间。

（八）左侧踢

（1）以右脚为轴，身体向右转 180°，左脚屈膝上提（E 方向）。

（2）上体向后略倾斜，左腿由屈到伸，向左侧上方踹出，两拳保持不变。

（九）右侧踢右外截

（1）以左脚为轴，身体向左转 180°，右脚屈膝上提（E 方向）。

（2）上体向后略倾斜，右腿由屈到伸，向右侧上方踹出，两拳保持不变。

（3）右脚收回下落成三七步，同时左掌横于身体左侧，掌心向下，右掌置于左腋下，掌心向上。

（4）右手刀向右横截，掌心向下，与肩同高（防右中段），左手刀置于胸前，掌心向上。

（十）左转身外横截

（1）以右脚为轴，身体向左后转270°，左脚迈向（F方向）成三七步，同时两掌变拳，在胸前交叉。

（2）上动不停，左拳向左侧外横截，拳心向下，右拳收于腰间。

（十一）右前踢中格挡

（1）左脚支撑，右脚以膝关节为轴屈膝前踢（目视E方向）

（2）右脚向后回落成三七步，同时两臂打开，左拳横于身体左侧，右拳由下向外置于身体右侧，拳心朝外。

（3）右臂内旋，由右侧向左侧前方内旋中格挡，（防中段），左拳收于腰间。

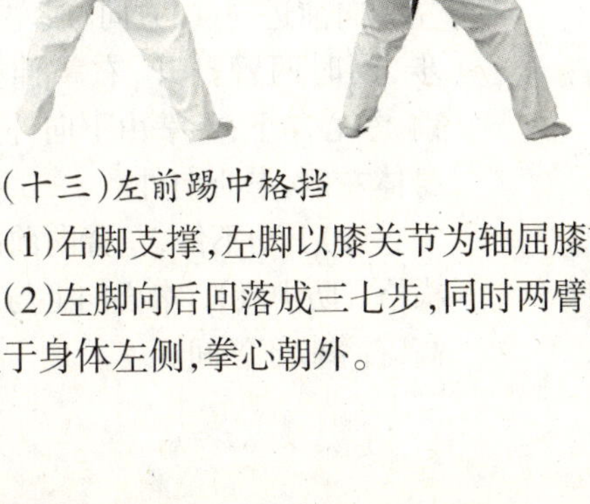

（十二）右转身外横截

（1）以左脚为轴，身体向右后转180°，成右三七步（目视D方向），同时变拳在胸前交叉。

（2）上动不停，右拳向右侧横截，拳心向下，左拳收于腰间。

（十三）左前踢中格挡

（1）右脚支撑，左脚以膝关节为轴屈膝前踢（目视D方向）。

（2）左脚向后回落成三七步，同时两臂打开，右拳横于身体右侧，左拳由下向外置于身体左侧，拳心朝外。

(3)左臂内旋,由左侧向右侧前方内旋中格挡,(防中段),右拳收于腰间。

(十四)左弓步架砍

(1)以右脚为轴身体向左转90°,左脚向前迈向(A方向)成左弓步,右臂伸直横于身体的右侧,掌心向下,左掌横于右腋下,掌心向上。

(2)上动不停,左臂外旋曲肘横架停于额头前上方,右掌向前横砍攻击对方,掌心向上。

(十五)右前踢翻背拳

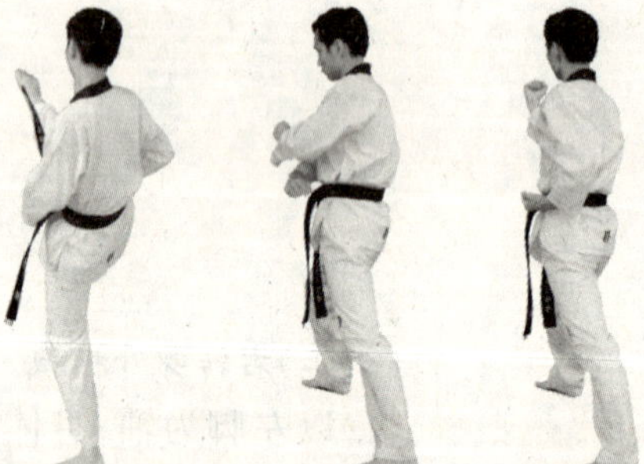

(1)左脚支撑,右脚以膝关节为轴屈膝前踢(A方向)。

(2)右脚落地成右弓步,右拳收于左臂腋下,左拳放于右臂肘关节外。

(3)上动不停,右拳由左臂腋下由内向前翻背拳,拳心向上。

(十六)左转身立步中格挡

(1)身体以右脚为轴左转90°,左脚向前迈向(G方向)成左前立步,同时两臂打开,右拳伸直向前,拳心向下;左拳由下向外置于身体左侧,拳心向外。

(2)上动不停,左臂向前内旋横格(防中段),拳心向上与肩同高,右拳收于腰间。

(十七)立步冲拳

(1)两脚不动,右拳向前内旋平冲,与胸同高,左拳收于腰间。

(十八)右转身立步中格挡

(1) 身体以左脚为轴右转 180°,右脚转向(C 方向)成右前立步,同时两臂打开,左拳伸直向前,拳心向下;右拳由下向外置于身体右侧,拳心向外。

(2)上动不停,右臂向前内旋横格(防中段),拳心向上与肩同高,左拳收于腰间。

(十九)立步冲拳

(1)两脚不动,左拳向前内旋平冲,与胸同高,右拳收于腰间。

(二十)上步内格左右冲拳

(1)身体偏左 90°,左脚转向(A 方向)成左弓步,同时两臂打开,左拳外旋置于左侧,拳心朝外;右拳由右向左横格于胸前,拳心向下。

(2)两脚不动,上动不停左臂向前内旋横格(防中段),拳心向上与肩同高,右拳收于腰间。

(3)两脚不动,上动不停右拳由腰间内旋向前冲出,与胸同高,左拳收于腰间。

(4)两脚不动,上动不停左拳由腰间内旋向前冲出,与胸同高,右拳收于腰间。

(二十一)上步内格左右冲拳

(1)左脚不动,右脚向前迈一步成右弓步(A 方向),同时两臂打开,右拳外旋置于右侧,拳心朝外;左拳由左向右横格于胸前,拳心向下。

(2)两脚不动,上动不停右臂向前内旋横格(防中段),拳心向上与肩同高,左拳收于腰间。

(3)两脚不动,上动不停左拳由腰间内旋向前冲出,与胸同高,右拳收于腰间。

(4)两脚不动,上动不停右拳由腰间内旋向前冲出,与胸同高,左拳收于腰间。

(二十二)收势

(1)身体以右脚为轴,向左后转 180°,同时左脚后撤与右脚平行成准备姿势(A 方向)。

五、太级五章

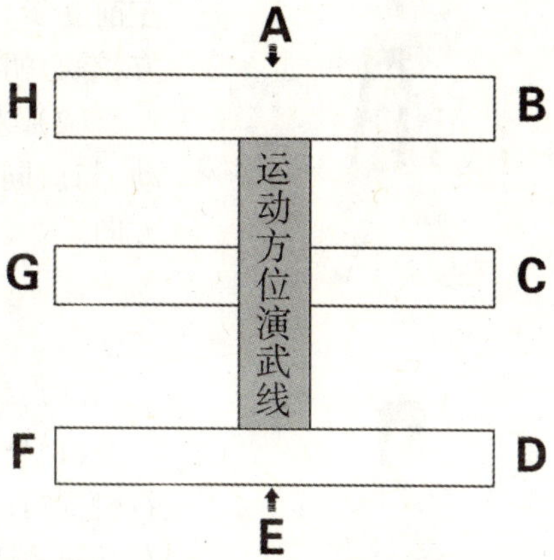

(一)准备姿势

(1)两脚并拢,两手握拳贴于身体两侧,两眼平视前方。

(2)左脚向左开半步与肩同宽,两小臂由下向上屈至胸前。

(3)两小臂由上向下屈臂至腹前握拳,拳心向内,眼睛平视前方。

(二)左转身弓步下截

(1)身体左转90°,左脚迈向(B方向)成左弓步,同时左拳收于右肩部上方,拳心向内,右臂前伸,掌心向下。

(2)左小臂内旋下截(防左下段),拳心向下,同时右拳回收腰间。

（三）左抡臂劈拳

（1）左脚回撤与右脚平行成左前立步，左臂曲肘置于右肘下方，拳心朝内，眼随手动。

（2）左臂由内向外呈圆弧动，与肩同高，拳眼向上。目视B方向。

（四）转身弓步下截

（1）身体向右后转180°，同时右脚向（H方向）移步成右弓步，右拳屈收于左肩部上方，拳心向内，左臂旋内，拳心向下。

（2）右小臂内旋下截，拳心向下（防右下段），左拳回收腰间。

（五）右抡臂劈拳

（1）右脚回撤与左脚平行成右前立步，右臂曲肘置于左肘下方，拳心朝内，眼随手动。

（2）右臂由内向外呈圆弧动，与肩同高，拳眼向上。目视向H方向。

（六）进步左右内横格挡

（1）左脚向左前方上部成左弓部，左拳由腰间向外旋，拳心向外，右臂旋内，拳心向下。

（2）左拳内旋格挡至胸前略低于肩，同时右拳收于腰间（目视E方向）。

（3）弓步不动，右拳由腰间向外旋，拳心向外，左臂旋内，拳心向下。

（4）右拳由外向内横格（防中段），拳心向上，左拳回收腰间（目视E方向）。

(七)右前踢左右横格挡

(1)左脚支撑,右脚以膝关节为轴屈膝前踢。(目视 E 方向)。

(2)右脚下落成右弓步,右拳于拳前至左肘间,拳心朝下,左拳置于右肘上,拳心朝下。

(3)右前臂外旋由左向右横格(防中段),同时左拳收于腰间(目视 E 方向)。

(4)右拳前伸略低于肩,左拳向左侧打开,拳心向外。

5. 上动不停,左拳内旋格挡至胸前略低于肩,同时右拳收于腰际。

(八)左前踢左右横格挡

(1)右脚支撑,左脚以膝关节为轴向前踢击(目视 E 方向)。

(2)左脚下落成左弓步,左拳横于右肘下,拳心朝下,右拳置于左肘上,拳

心朝下。

(3)左前臂外旋由左向右横格(防中段),同时右拳收于腰间(目视 E 方向)。

(4)左拳前伸略低于肩,右拳向右侧打开,拳心向外。

(5)右拳内旋格挡至胸前略低于肩,同时左拳收于腰间(目视 E 方向)。

(九)右弓步横格挡

(1)右脚向 E 移步成右弓步, 右拳横于胸前至左肘下,拳心朝下,左拳置于右肘上,拳心朝下。

(2)右前臂外旋由左向右横格(防中段),同时左拳回收腰间。

(十)左转身外截

(1)以右脚为轴,身体左后转 270°, 撤左步的同时左脚向(F 方向)移步成三七步。同时两臂在胸前交叉,左拳在外,右拳在内。

(2)左臂外旋,左拳变掌由右向左横格挡(攻中段),掌与肩同高,右拳回收腰间。

(十一)右弓步横击肘

(1)右脚向(F 方向)移步成右弓步,右臂屈肘用肘尖由外向内横击,左手顶于右拳面。

(十二)右转身外截

(1)以左脚为轴,身体右后转 180°,右脚向(D 方向)移步成三七步,同时两臂在胸前交叉,右拳在外,左拳在内。

(2)右臂外旋,右拳变掌由左向右横格挡(攻中段),掌与肩同高,左拳回收腰间。

(十三)左弓步横击肘

(1)左脚向(D 方向)移步成左弓步,左臂屈肘用肘尖由外向内横击,右手顶于左拳面。

(十四)左转身下截格挡

(1)身体左转 90°,左脚向(A 方向)移步成左弓步,左拳收于右肩部上方,拳心向内,右臂旋内,拳心向下。

(2)左小臂内旋下截,拳心向下,右拳回收腰间。

(3)右拳由腰间向外旋,拳心向外,左臂旋内,拳心向下。

(4)右前臂外旋由右向左横格与肩同高(防中段),同时左拳回收腰间。

(十五)右前踢翻背拳

(1)上体保持不变,右脚蹬地以膝关节为轴屈膝向前踢击(目视 A 方向)。

(2)右脚落地成右弓步,右拳置于左肘下,左拳置于右肘上。

(3)上动不停,右拳由左肘下由内向前翻背拳,拳心向上。
(4)右拳前伸略低于肩,左拳向左侧打开,拳心向外。
(5)左前臂外旋由左向前向右横格,与肩同高,右拳收于腰间(目视 A 方向)。

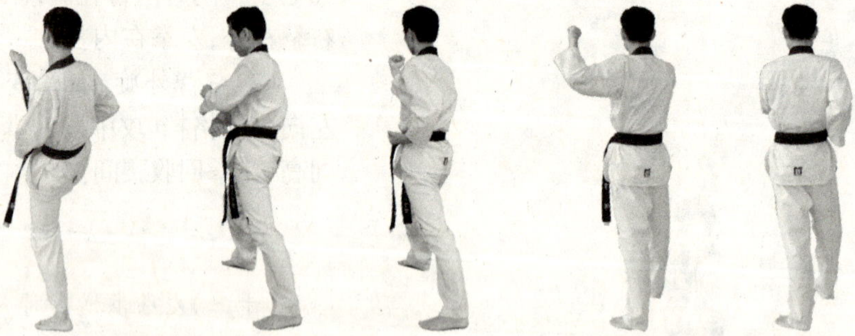

(十六)左弓步上格挡

1. 以右脚为轴,身体左转 90°,左脚向(G 方向)移步成左弓步,右臂屈肘,左拳与右肘尖交叉。

(2) 左拳由下向上架于头部的前上方(防上段),拳心向外,右拳收于腰间。

(十七)右侧踹横击肘

(1)以左脚为轴,身体左转 90°(G 方向),身体重心移至左腿,右腿屈膝上提。
(2)右腿向右推踢(目视 G 方向)。
(3)右脚下落成右弓步,左臂曲肘横击对方,右拳变掌,击拍左小臂外侧。

(十八)右转身上格挡

(1)以左脚为轴,身体右后转 180°,右脚向(C 方向)迈出一步成右弓步,左臂屈肘,右拳与左肘尖交叉。

(2)右拳由下向上架于头部的前上方(防上段),拳心向外,左拳收于腰间。

(十九)左侧踹横击肘

(1)以右脚为轴,身体右转 90°(C 方向),身体重心移至右腿,左腿屈膝横上提。

(2)左腿(向 C 方向)推踢。

(3)左脚下落身体左转 90°成左弓步,右臂曲肘横击对方,左拳变掌,击拍右小臂外侧。

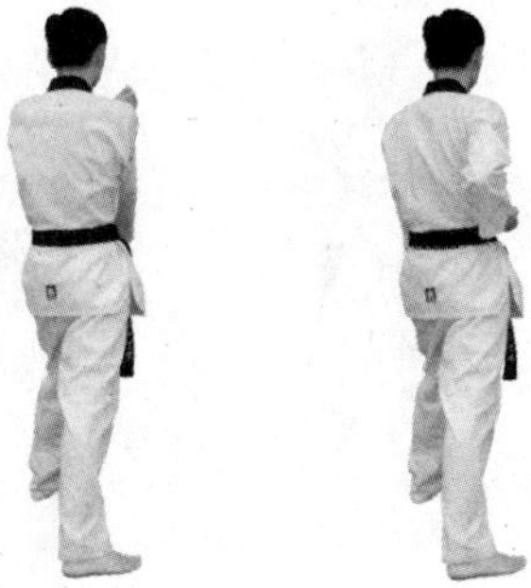

(二十)左转身弓步下截

1.以右脚为轴,身体向左转 90°,左脚向(A 方向)左前方落步成左弓步,左拳屈收于右肩部上方,拳心向内,右臂旋内,拳心向下。

(2)左小臂内旋下截,拳心向下(防左下段),右拳回收腰间。

（二十一）原地弓步中格

（1）左拳前伸略低于肩，右拳向右侧打开，拳心向外。

（2）右前臂内旋由右向左横格与肩同高（防中段），同时左拳回收腰间。

（二十二）右前踢后交叉立势

（1）左脚支撑，右脚蹬地以膝关节为轴屈膝向前踢击（目视A方向）。

（2）右脚下落，身体左转，两臂在胸前交叉，左拳在上，右拳在下。

（3）右脚蹬地，左脚向右脚后侧上步，脚尖落地成左后交叉步。同时右抄拳，拳心朝内，左拳收于腰间。

（二十三）收势

（1）身体以右脚为轴向左转90°（E方向），同时左脚后撤与右脚平行成准备姿势。

六、太级六章

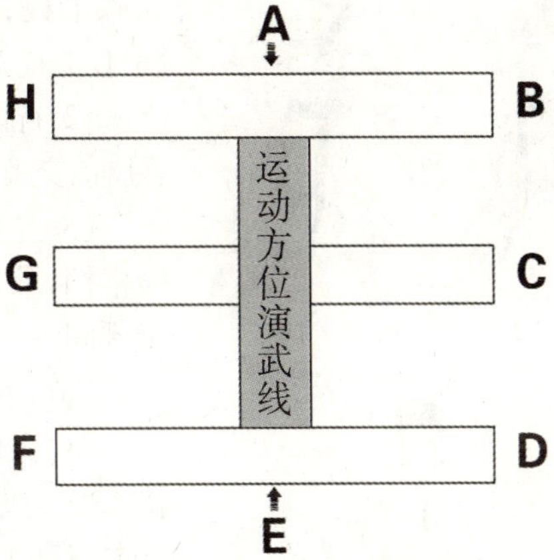

（一）准备姿势

（1）两脚并拢，两手握拳贴于身体两侧，两眼平视前方。

（2）左脚向左开半步与肩同宽，两小臂由下向上屈至胸前。

（3）两小臂由上向下屈臂至腹前握拳，拳心向内，眼睛平视前方。

（二）左转身弓步下截

（1）身体（向 B 方向）左转 90°，成左弓步，同时左拳收于右肩部上方，拳心向内，右臂前伸，掌心向下。

（2）左小臂内旋下截（防左下段），拳心向下，同时右拳回收腰间。

（三）前踢外防

（1）上体保持不变，右脚蹬地屈膝上提，以膝关节为轴伸膝前踢（B 方向）。

（2）右脚回落成左三七步，两臂在胸前交叉，左拳在外，右拳在内。

（3）左臂外旋，左拳由右向左横格挡，拳与肩同高，同时右拳收于腰间。

（四）右转身弓步下截

（1）身体（向 H 方向）向右后转 180°，成右弓步，同时右拳收于左肩部上方，拳心向内，左臂前伸，掌心向下。

（2）右小臂内旋下截（防右下段），拳心向下，同时左拳回收腰间。

（五）前踢外防

（1）上体保持不变，蹬地屈膝上提，右脚支撑，左脚以膝关节为轴曲膝前踢（H 方向）。

（2）左脚回收成右三七步，两臂在胸前交叉，右拳在外，左拳在内。

（3）右臂外旋，右拳由左向右横格挡，拳于肩同高，同时左拳收于腰间。

（六）左转身弓步外截

（1）身体（E 方向）左转 90°，成左弓步，右拳变手刀横于胸前，掌心向下，左小臂在右臂内侧交叉，掌心向内。

（2）上动不停，右手刀向外横砍（攻中段），左拳收于腰间。

(七)右横踢

(1)身体重心移至左脚(左转 90°),右脚屈膝上提,左手刀变拳,横于体侧(E 方向)。

(2)右腿以膝关节为轴向前上方踢出(攻头部)。

(八)左转身外截冲拳

(1)右脚下落于左腿右侧,身体左转 90°,左脚(向 C 方向)上步成左弓步,两臂胸前交叉,双手握拳。

(2)左臂由右向左侧横格(防中段),与肩同高,同时右拳收回腰间。

(3)上动不停,左拳收回腰间,右拳内旋向前冲出,与肩同高。

(九)前踢左冲拳

(1)上体保持不变,左脚支撑,右脚以膝关节为轴,前踢对方(C 方向)。

(2)右脚下落成右弓步,右拳向前向下缓冲,左拳收于腰间。

(3)上动不停,左拳于腰间向前内旋冲出,右拳收于腰间。

（十）右转身外截冲拳

（1）右脚退步，身体向右后转 180°成右弓步（G 方向），两臂胸前交叉，双手握拳。

（2）右臂由左侧向右旋外横格（防中段），与肩同高，同时左拳收回腰间。

（3）上动不停，右拳收回腰间，左拳内旋向前冲出，与肩同高。

（十一）前踢右冲拳

（1）上体保持不变，右脚支撑，左腿以膝关节为轴，向前由曲到伸向前踢（G 方向）。

（2）左脚下落成左弓步，左拳向前缓冲，右拳收于腰际。

（3）上动不停，右拳于腰间向前内旋冲出，左拳收于腰间。

（十二）左转身上架下截

（1）以右脚为轴，身体向（E 方向）左转 90°，左脚向后撤步成平行步站立，同时两臂交叉于胸前，两拳心斜向下，左臂在外，右臂在内。

（2）两拳同时由上向左右下方截击，放于身体的两侧。

（十三）左转身弓步外截

1.左脚不动，右脚向前一步成右弓步（E 方向），左拳变手刀横于胸前，掌心向下，右拳在左臂内侧交叉，掌心向内。

（2）上动不停，左手刀向左横砍（攻中段），同时右拳收于腰间。

（十四）左横踢

（1）以右脚为轴右转 90°，左脚蹬地屈膝横上提，大小腿折叠，上体略右倾。

（2）左脚向前上方踢出攻头部（E 方向）。

（十五）右转身下截

（1）身体向右后转 180°，同时右脚向（D 方向）移步成右弓步，右拳屈收于左肩部上方，拳心向内，左臂前伸，拳心向下。

（2）右小臂内旋下截，拳心向下（防右下段），左拳回收腰间。

（十六）左前踢外截

（1）上体保持不变，左脚蹬地以膝关节为轴曲膝前踢（D 方向）。

（2）左脚回收成右三七步，两臂在胸前交叉，右拳在外，左拳在内。

（3）右臂由左向右横格挡，拳与肩同高，同时左拳收于腰间。

（十七）左转身下截

1.身体向左后转 180°，成左弓步（F 方向），左拳屈收于右肩部上方，拳心向内，右臂前伸，拳心向下。

（2）左小臂内旋下截，拳心向下（防左下段），右拳回收腰间。

（十八）右前踢外截

（1）上体保持不变，右脚以膝关节为轴伸膝前踢（F 方向）。

（2）右脚回收成左三七步，两臂在胸前交叉，左拳在外，右拳在内。

（3）左臂由右向左横格挡，同时右拳收于腰间。

（十九）退步横击掌

（1）右脚向后撤，身体向左后转 90°成左三七步，同时左手曲肘托于腹前，手心向上；右拳变掌置于右侧，手心向下（A 方向）。

（2）左臂旋内，左掌向左前方横击，右臂曲肘，右掌托于右腹前，手心向上。

（3）左脚向后撤，身体向左后转 180°成右三七步，同时右手曲肘托于腹前，手心向上；左拳变掌置于左侧，手心向下。

（4）右臂旋内，右掌向右前方横击，左臂曲肘，左掌托于左腹前，手心向上。

(二十)左弓步砍掌

(1)右脚后撤成左弓步,右拳前伸略低于肩,左掌向左侧打开,掌心向外(A 方向)。

(2)上动不停,左掌横砍,右拳收于腰间。

(二十一)左弓步冲拳

(1)上动不停,右拳向前内旋冲出,左拳收于腰间。

(二十二)右弓步冲拳

(1) 左脚后撤成右弓步,左拳前伸略低于肩,右掌向右侧打开,掌心向外(A 方向)。

(2)上动不停,右掌横砍,左拳收于腰间。

(二十三)右弓步冲拳

(1)上动不停,左拳向前内旋冲出,右拳收于腰间(A 方向)。

(二十四)收势

(1)右脚回收与左脚平行成准备姿势。

七、太级七章

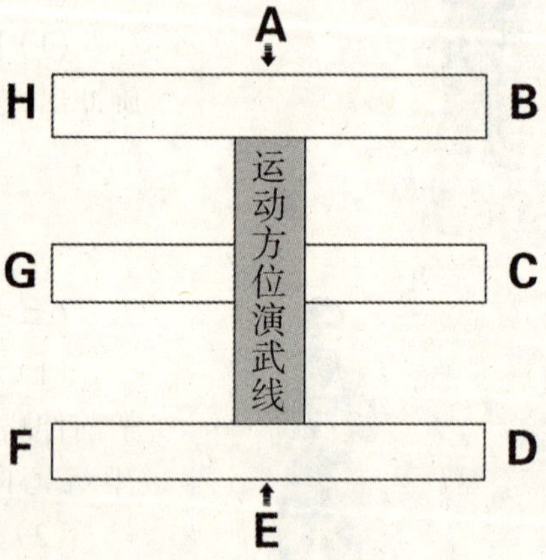

(一)准备姿势

(1)两脚并拢,两手握拳贴于身体两侧,两眼平视前方。

(2)左脚向左开半步与肩同宽,两小臂由下向上屈至胸前。

(3)两小臂由上向下屈臂至腹前握拳,拳心向内,眼睛平视前方。

(二)左转身猫足立横截

(1)身体向(B 方向)左转 90°成猫足立步,右臂外旋至右侧,掌心向外,左臂前伸,掌心向下。

(2)右掌由右向左中段横砍,同时左拳收于腰间。

(三)右前踢左中段横砍

(1)左脚支撑,右腿以膝关节为轴,向前踢击(B 方向)。

(2)右脚向后落步成左猫足立步,同时右拳前伸,略低于肩,左手向左侧打开,掌心向外,略高于肩。

(3)左掌由左向右中段横砍,同时右拳收于腰间。

(四)右转身猫足立横截

(1) 身体以左脚为轴向(H 方向) 右转 180°成猫足立步,左臂外旋至左侧,掌心向外, 右臂前伸,手心向下。

(2) 左掌由左向右中段横砍,同时右拳收于腰间。

（五）左前踢右中段横砍

（1）右脚支撑，左脚屈膝由屈到伸向前踢（H方向）。

（2）左脚向后落步成右猫足立步，同时左拳前伸，略低于肩，右手向左侧打开，掌心向外，略高于肩。

（3）右掌由左向右中段横砍，同时左拳收于腰间。

（六）左转身手刀防御

（1）身体向（E方向）左转90°，左脚向前上一步成三七步，同时右掌横于右侧，略高于肩，掌心向下，左掌曲肘横于胸前，掌心向上。

（2）左手掌外旋向左侧前下方横砍，同时右掌曲肘横托于胸前，掌心向上。

（七）进步手刀防御

（1）身体重心移至左脚，右脚向前（E方向）上一步成右三七步，同时左掌横于左侧，略高于肩，掌心向下，右掌曲肘横于胸前，掌心向上。

（2）右手臂外旋向右侧前下方横砍，同时左臂曲肘横托于胸前，掌心向上。

（八）左转身手刀下砍

（1）身体向（C 方向）左转 90°，左脚向前上一步成猫足立步，同时两手臂打开，左拳前伸，略低于肩；右臂曲肘置于身体右侧，掌心向外。

（2）右掌由右向左下砍，同时左臂曲肘横于右腋下，拳心向下。

（九）左猫足立步翻臂拳

1. 下肢不动，右臂曲肘右掌变拳，拳心朝下，左拳不变。

（2）右拳由下向上以肘关节为轴，向前上方劈击。

（十）右转身手刀下砍

（1）身体向（G 方向）右转 180°，右脚向前上一步成猫足立步，同时两手臂打开，右拳向前缓冲，略低于肩；左臂曲肘置于身体左侧，掌心向外。

（2）左掌由左向右下砍，同时右臂曲肘横于左腋下，拳心向下。

（十一）右猫足立步翻臂拳

（1）下肢不动，左臂曲肘左掌变拳，拳心朝下，右拳不变。

（2）左拳由下向上以肘关节为轴，向前上方劈击。

(十二)转身并步抱拳

(1)身体向(E 方向)左转 90°，左脚回撤与右脚成并步姿势,左掌右拳合抱于腹前。

(2)两手由腹前提起至身前,与肩同高。

(十三)左弓步上格下截

(1)左脚向前(E 方向)一步成左弓步,两手臂胸前曲肘握拳,左拳在外,右拳在内。

(2)左臂右胸前向左侧横格挡,拳心向后,同时右拳向前下方下格挡。

(3)两手臂胸前曲肘握拳,右拳在外,左拳在内。

(4)右臂左胸前向右侧横格挡,拳心向后,同时左拳向前下方下格挡。

(十四)右弓步上格下截

(1)右脚向前(E 方向)一步成右弓步,两手臂胸前曲肘握拳,右拳在外,左拳在内。

(2)左臂右胸前向左侧横格挡,拳心向后,同时右拳向前下方下格挡。

(3)两手臂胸前曲肘握拳,左拳在外,右拳在内。

(4)右臂左胸前向右侧横格挡,拳心向后,同时左拳向前下方下格挡。

(十五)转身双冲拳

(1)身体向(F 方向)左转270°左弓步，同时两拳置于腰侧,拳心向上。

(2)两臂外旋,曲肘置于胸前方,拳心向下,两拳间隔一拳距离。

(十六)顶膝交叉步双冲拳

(1)两拳变掌,弓步保持不变(F 方向)。

(2)两掌由上向下握拳,同时右腿屈膝上提,以膝关节为轴向上提膝。

(3)右脚向前落地,两拳收于腰侧。

(4)上动不停,双拳同时从腰侧冲出,同时左脚向右脚右后侧上半步,脚尖着地成交叉步。

(十七)右弓步双拳十字防

(1)左脚向后退一步成右弓步，两手臂交叉置于左腰间,左拳在上,右拳在下(F 方向)。

(2)下肢不动,两臂同时由左向右十字防下段，两拳交叉不变。

(十八)转身双冲拳

(1)右脚向(D 方向)右后转向 180°成右弓步,同时两拳置于腰侧,拳心朝上。

(2)两臂外旋,曲肘置于胸前方,拳心向下,两拳间隔一拳距离。

(十九)顶膝交叉步双冲拳

(1)两拳变掌,弓步保持不变(D 方向)。

(2)两掌由上向下握拳,同时左腿屈膝上提,以膝关节为轴向上提膝。

(3)左脚向前落地,两拳收于腰侧。

(4)上动不停,双拳同时从腰间冲出,右脚向左脚左后侧上半步,脚尖着地成交叉步。

(二十)左弓步双拳十字防

(1)右脚向后退一步成左弓步, 两手臂交叉置于右腰间,右拳在上,左拳在下(D 方向)。

(2)下肢不动,两臂同时由右向左十字防下段, 两拳交叉不变。

(二十一)左转身立步弹拳

(1)左脚向(A 方向)转 90°成左前立步。

(2)左拳向左侧横击,拳心向右,右拳收于右腰侧。

(二十二)摆踢盘肘

(1)以左脚为轴,身体向(A 方向)左转 90°,右腿曲膝由下向前弧行摆踢,左拳变掌击于右脚脚掌。

(2)右脚前落成马步,右臂曲肘加紧,右手握拳,肘尖向胸前横击,同时左手掌击拍于右臂。

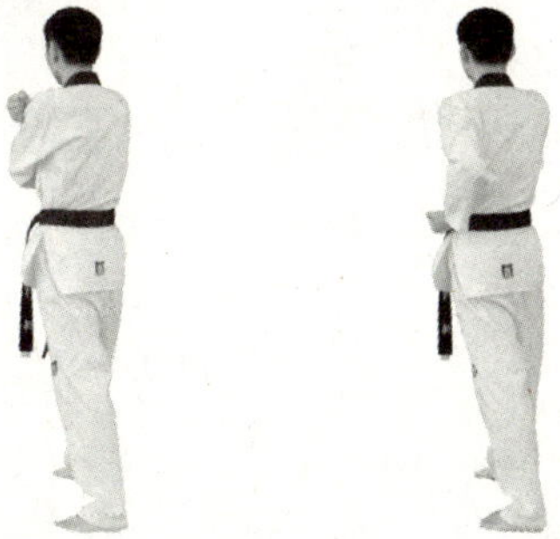

(二十三)右转身立步弹拳

(1)右脚向(A 方向)转 90°成右前立步,右拳收于左肩部,左拳收于腹侧。

(2)右拳向右侧横击,拳心向左,左拳收于左腰侧。

(二十四)摆踢盘肘

(1)以右脚为轴,身体向(A 方向)右转 90°,左腿曲膝由下向前弧行摆踢,左脚由左侧向右侧横击,右拳变掌击于左脚脚掌。

(2)左脚前落成马步,同时右手拍击左手肘臂。

(3)左臂曲肘,左手握拳向左侧横击,同时右手回收腰间。

(二十五)上步马步冲拳

(1) 以左脚为轴左转 180°,右脚向前(A 方向)上一步,同时右拳向右侧冲出, 拳心向下,与肩同高。

(二十六)收势

(1)身体以右脚为轴,向左后转 90°,同时左脚后撤与右脚平行成准备姿势。

八、太极八章

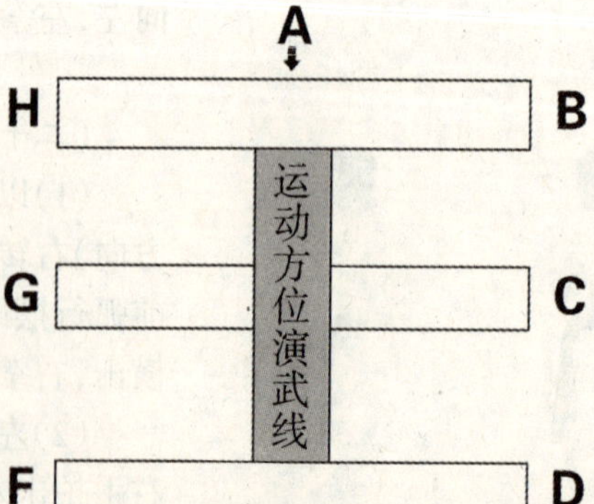

（一）准备姿势

（1）两脚并拢，两手握拳贴于身体两侧，两眼平视前方。

（2）左脚向左开半步与肩同宽，两小臂由下向上屈至胸前。

（3）两小臂由上向下屈臂至腹前握拳，拳心向内，眼睛平视前方。

（二）进步左格右冲

（1）左脚向前成三七步（E方向），左拳由右向左前方格挡，同时右臂曲肘右拳横于胸前，拳心向上。

（2）左脚向前上一小步成左弓步，右拳由腰间向前内旋冲出，左拳收于腰间。

（三）腾空左前踢

（1）右腿屈膝上提，右腿下落的同时身体腾空（E方向）。

（2）左脚蹬地，身体腾空，左脚以膝关节为轴，由曲到伸向前上方踢击。

（四）左弓步中格挡接右左冲拳

（1）左脚向前（E方向）落步成左弓步，右拳前伸略低于肩，左拳向左侧打开。

（2）左拳由右向左内旋中格挡，右拳收于腰间。

（3）右拳向前内旋冲出，左拳收于腰间。

（4）左拳向前内旋冲出，右拳收于腰间。

（五）上步右冲拳

（1）右脚向前一步（E 方向）成右弓步，右拳向前内旋冲出，左拳收于腰间。

（六）左后转身上格下截

（1）以右脚为轴，身体向左后转（A 方向）180°，同时左脚向（F 方向）左侧落步成右弓步，双手胸前交叉，右拳在内，左拳在外。

（2）右臂曲肘由内向右侧上方格挡防上段，拳与头同高；左拳向身体左下侧格挡，左右拳成斜身侧防。

（七）左转身弓步抄拳

（1）身体向（F 方向）左转 90°，身体重心前移成左弓步，右抄拳攻对方下颌，拳心向上；左拳置于胸前。

（八）交叉步上格下截

（1）左脚向（D 方向）移步，成前交叉步，双手胸前交叉，左拳在内，右拳在外。

（2）右脚右上步成左弓步，左臂曲肘由内向左侧上方格挡防上段，拳与头同高；右拳向身体右下侧格挡，右左拳成斜身侧防。

（九）右转身弓步抄拳

（1）身体向（D 方向）右转90°，身体重心前移成右弓步，左抄拳攻对方下颌，拳心向上；右拳置于胸前。

（十）左后转手刀攻

（1）以左脚为轴，身体向左后转（A 方向）270°；同时右脚向后退一步成三七步，右掌横摆于身体右侧，掌心向下，左臂曲肘左掌横与胸前，掌心向上。

（2）左掌由右侧向左侧横截，掌心向下，右臂曲肘右掌置于胸前，掌心向上。

（十一）左弓步冲拳

（1）左脚向前（E 方向）上半步成左弓步，左掌变拳向前缓冲，右拳收于腰际。

（2）上动不停，右拳向前内旋冲出，同时左拳收于腰间。

(十二)右前踢虚步下截

(1)左脚支撑右脚(A 方向)由曲到伸向前踢。

(2)右脚下落于体后方成右虚步,同时两手臂打开,左拳向前内旋前伸,略低于肩;右臂曲肘置于身体右侧,掌心向外。

(3)右虚步右掌由右向左横砍掌,左拳收于腰间,左腿后退一步。

(十三)左转身虚步外截

(1)以右脚为轴,身体向左转(C 方向)90°成左虚步,右掌心横摆于身体右侧, 掌心向下,左臂曲肘左掌横于右胸前,拳心向上。

(2) 左掌由右侧向左侧横截,拳心向下,同时右掌置于胸前,拳心向上。

(十四)左前踢

(1)右脚支撑,左脚向(C 方向)屈膝由屈到伸向前踢。

(十五)左虚步手刀拍击

(1) 左脚前落成左虚步(C 方向),同时右拳向前缓冲,拳心向下,左拳变掌,曲肘横摆于身体左侧。

(2) 左掌由左向体前拍击,同时右拳收于腰间。

（十六）右后转虚步手刀攻

（1）以左脚为轴，身体向右后转 180°（G 方向）成右虚步，左掌横于身体左侧，掌心向下，右掌横托于胸前，掌心向上。

（2）右掌由左侧向右侧横截，掌心向下；同时左掌置于胸前，掌心向上。

（十七）右前踢

（1）左脚支撑，右脚（向 G 方向）屈膝由屈到伸向前踢。

（十八）右虚步手刀拍击

（1）右脚前落成（G 方向）右虚步，同时右拳变掌，曲肘横摆于身体右侧。

（2）右掌由右向体前拍击，同时左拳收于腰间。

（十九）右转身外截

（1）以左脚为轴，身体向右转（A 方向）90°；右脚向右上步成三七步，同时左拳横于身体左侧，掌心向下，右臂曲肘，右拳横于胸前，拳心向上。

（2）右拳由胸前向右侧下截，同时左臂曲肘，左拳收于腹前，拳心向上。

(二十)双飞前踢

(1)身体向(A方向)以右脚为轴,左腿由曲到伸,向前踢击,然后在左腿未落下时,立即提起右腿,在空中两腿交替。

(二十一)右弓步冲拳

(1)右脚向前(A方向)落地成右弓步,左拳前缓冲,右拳向右侧打开。

(2)右拳由右向左内旋中格挡,左拳收于腰间。

(3)上动不停,左拳向前内旋冲出,右拳收于腰间。

(4)上动不停,右拳向前内旋冲出,左拳收于腰间。

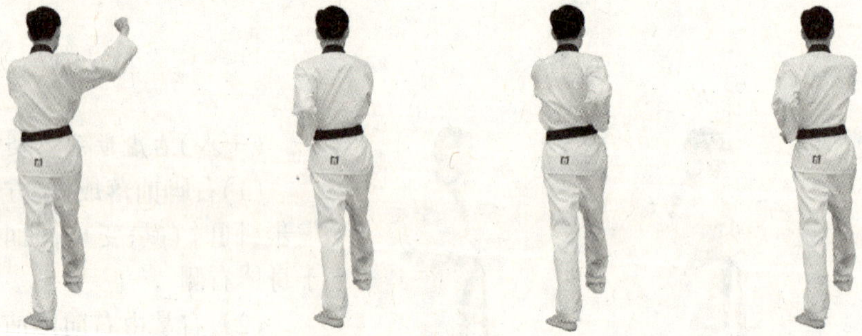

(二十二)左转身外截

(1)以右脚为轴,身体(向B方向)左转270°;左脚向前上步成三七步,同时两臂胸前交叉,左掌在外,右拳在内。

(2)左掌向身体左侧横截,同时右拳收于腰间。

(二十三)左弓步击肘

(1)左腿向前上步成左弓步(B方向)，右肘由右向左横击，同时左掌变拳收于腰间。

(二十四)左弓步右劈左冲拳

(1)上动不停,右拳以右肘为轴,由前向后,由上向下劈击,拳心向上。

(2)上动不停,左拳向前内旋冲出,右拳收于腰间,下肢不动。

(二十五)右转身外截

(1)身体向右后转(H方向)180°成三七步,同时两臂胸前交叉,右掌在外,左拳在内。

(2) 右掌向身体右侧横截,同时左拳收于腰间。

(二十六)右弓步击肘

(1)右腿向前上步成右弓步(H方向),左臂曲肘夹紧向体前横击,同时右拳收于腰间。

(二十七)右弓步左劈右冲拳

(1)下肢保持不动,左拳以左肘为轴,由前向后,由上向下劈击,拳心向上(H方向)。

(2)上动不停,右拳向前内旋冲出,左拳收于腰间。

(二十八)收势

(1)身体以左脚为轴,左转90°,右脚平行回收成准备姿势。

思考题

1. 跆拳道品式分解教学中应注意哪些问题?
2. 各种品式教学的动作要领、易犯错误和纠正方法有哪些?
3. 跆拳道品式完整教学中要注意哪些问题?

第六章　跆拳道训练计划的制定

跆拳道训练计划，是对跆拳道训练工作预先做出的理论设计。在教练员的总体规划和亲自指导下，通过运动员积极的实践运动，为不断提高运动技能而专门组织的教学实践过程。这个教学是一个长期、系统的教学过程，教练员和运动员都可以参照训练计划制定的目标逐步去完成每个阶段的教学任务。

第一节　跆拳道训练计划概述

训练计划是一个少则一两年，多则十几年预先做出教学理论设计的远景规划。在教学实施过程中，要有目的、有组织、有步骤地进行科学训练，必须对某一训练阶段及该阶段所要达到的训练目标进行科学的规划，即制定训练计划。训练计划是教学工作的行动纲领，是控制训练过程的主要依据之一。

一、制定训练计划的依据

一份科学的训练计划，既要符合运动训练的客观发展规律和实施训练的方法，又要体现运动员未来取得优异成绩所要达到的指标。因此，制定科学训练计划的依据主要体现在：

（一）依据长期、中期、短期的训练目的、任务和目标

训练的目的是为了体现竞技体育的最高价值（也就是获得优异的运动成绩）；任务是为了完成不同阶段的教学计划而采取的训练方法和安排，因此制定训练计划，必须围绕着“比赛”这个核心内容来进行；然后再依据比赛时间的长短分为长期、中期、短期的训练目标来进行总体的设计和规划，为达到某种成绩制定远景规划。

（二）运动员的技术特点和未来发展方向

制定跆拳道训练计划，主要依据运动训练的客观规律及发展规律，同时在制定训练计划前，必须考虑以下因素：训练的人数、性别、年龄、体重级别、训练水平、训练年限、身体素质、技术情况、特点、智力水平、承受负荷的能力和身体恢复的情况等。根据这些因素，制定运动员在竞技能力及个人打法风格上所表现出的

不同特点和现实状态，建立个体的训练模式，努力实施个体化训练，以最大限度的提高训练效果。

(三)依据跆拳道训练的客观规律

训练计划只有符合跆拳道训练的客观规律，才有可能达到预期的目的，才能取得教学的成功。这些规律包括：训练过程的多变性和可控性，运动员机体在负荷下的适应性和应变性，竞技状态的形成与周期性发展规律等基本特征，以及跆拳道运动技战术、心理素质、运动智能和各种运动素质本身的结构特点和发展特点，只有遵循这些客观规律，才能严格的按照跆拳道的基本训练原理、训练规律及训练方法指导训练。

(四)依据组织实施训练和比赛的客观条件

在制定训练计划时必须将训练及比赛的客观条件等方面的因素考虑进去，以便于进行针对性的适应性训练和赛前的模拟训练。

二、制定训练计划的类型

训练计划可以按时间跨度和具体对象及其训练的组合形式进行分类。

(一)训练计划按具体对象及其训练的组合方式进行分类，可分为

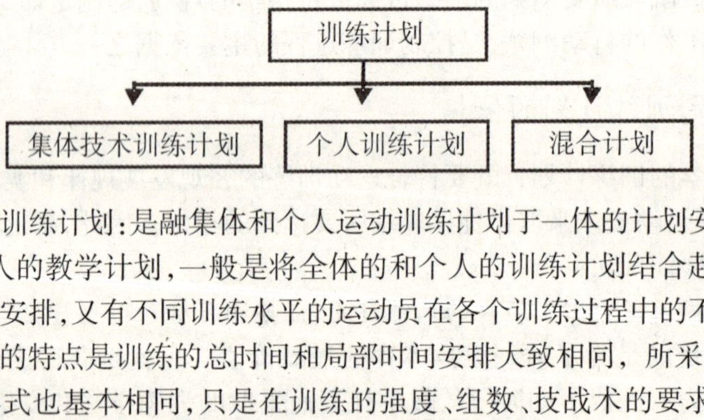

混合型训练计划：是融集体和个人运动训练计划于一体的计划安排。有全体的、也有个人的教学计划，一般是将全体的和个人的训练计划结合起来，既有共同的要求和安排，又有不同训练水平的运动员在各个训练过程中的不同要求。这种训练计划的特点是训练的总时间和局部时间安排大致相同，所采用的训练内容和教学形式也基本相同，只是在训练的强度、组数、技战术的要求、练习的方法、手段、负荷等方面对个别特殊对象提出不同的要求。

个人训练计划：是为某一个运动员单独制定专门的运动训练计划。由于跆拳道运动是两人直接对抗的比赛项目，具有技术相互克制及控制和反控制运用的特点，因而制定个人运动训练计划有利于提高训练的针对性。

集体训练计划：为运动队统一制定的训练计划及内容与任务基本相同的教学内容。虽然训练计划的制定是以集体的方式进行训练的，但在教学过程中教师要根据学生的技战术掌握的情况，对技术水平、技术特点不同的运动员要区别对待，同样的内容，要安排不同技术水平的运动员解决训练的主要问题，体现训练的针对性。

(二)训练计划按时间跨度进行分类,可分为:

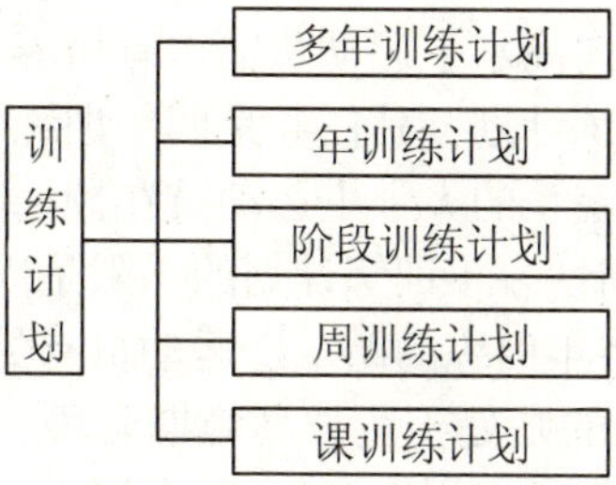

第二节　跆拳道训练计划内容

不同类型的运动训练计划在制定过程中有不同的要求，但他们之间同样存在着联系和共性。在制定训练计划时,既要规划出训练的远景目标,又要符合运动训练客观规律,还要把训练过程彼此联系的训练任务和形式,更具体化为有特定要求的各种练习。通过训练计划的制定与实施,对运动员训练过程状态变化的客观评价提供科学的依据,为有效地控制跆拳道训练过程奠定基础。

一、多年训练计划

制定跆拳道多年训练计划的时间跨度通常为两年至十几年，使运动员的技术水平达到竞技高峰直至退役。

(一)多年训练计划的种类及特点

依据训练的时间跨度，跆拳道多年训练计划可分为全过程训练计划和区间性多年训练计划。

1. 全过程多年训练计划

全过程多年训练计划是对运动员从开始参加训练到出现竞技高峰直至退役的全过程训练的总体规划。制定这种训练计划的主要目的是:确立全过程多年训练计划各阶段的指导思想,明确各阶段训练的任务、训练的内容、训练的方法与手段以及负荷动态变化的总体趋势。

跆拳道全过程多年训练包括基础训练,技战术训练,以及竞技高峰期三个阶段,即运动员经过 1—2 年的基础训练和 2—3 年的技战术训练,进入高峰期参加大型比赛。由于全过程训练持续时间长且受诸多因素的制约,因此,全过程多年训练计划是宏观的、战略的和远景的,计划内容也是框架式的。

2. 区间性多年训练计划

区间性多年训练计划是根据某一特定任务而制定的两年以上训练过程的训练计划。如体校运动员在基础训练阶段的训练计划,其任务是经过训练参加一些省市组织的跆拳道比赛以及向高水平运动队输送有培养价值的运动员；高水平运动员在基础训练阶段的训练计划，其任务是四年训练计划围绕下一届全运会上创造优异运动成绩；体育院系的大学生运动员在校期间的专业教学大纲都属于区间性多年训练计划,区间性多年训练计划的年限是固定的,而运动员的技术水平差异较大,参加区间性多年训练的跆拳道运动员有的处于基础训练阶段,有的处于技、战术训练阶段,有的则处于竞技高峰期阶段。因此,对它们的训练内容、方法、手段和运动负荷的安排应周密细致,分有层次,才能保证不同训练状态的运动员都能达到特定训练区间的预定训练目标。

(二)多年训练计划的基本内容

全过程多年训练计划和区间性多年训练计划在具体内容上有所不同，各有侧重面,但它们在基本内容的项目上大致相同。内容包括：

(1)多年训练计划的总目标和实现该目标的具体设想；

(2)运动员的起始状态(包括运动员的身体条件、技战术水平、心理素质、意志品质、技术风格)和将来能达到的训练水平等；

(3)多年训练的阶段划分、年限及相应的训练任务,主要训练内容比重、主要训练指标和实现多年训练的主要途径和措施；

(4)多年训练计划中,各阶段运动负荷的总体安排；

(5)各训练阶段的训练内容的基本任务和要求；

(6)测验多年训练计划各阶段的教学情况和竞赛的安排；

(7)测定和评定多年训练计划的内容指标、时间安排和方法；

(8)恢复的措施与安排；

(9)全面检查多年计划的执行情况,考核来评定计划完成的情况。

(三)多年训练计划的制定

跆拳道多年训练计划一般分为少年儿童和优秀运动员为参加重大比赛而制定的训练计划。制定跆拳道多年训练计划,主要是为了是避免训练的盲目性,指导教练员和运动员在长期的教学和训练中创造优异的运动成绩。

依据跆拳道发展的训练规律,可以将全过程多年训练有机的划分为基础训练,技战术训练,最佳竞技阶段,竞技保持三个相互联系又各有侧重点的训练阶段。各个训练的阶段都有主要训练任务、教学的内容和训练负荷的安排。具体体现如下：

1. 基础训练阶段(时间 2—4 年)

主要训练任务:全面提高身体素质,加强基本技术规范性学习,打好基础。

主要训练内容：

(1)身体素质训练:柔韧、有氧耐力及反应速度、无氧耐力及动作速度、灵敏性、协调性、力量等。

(2) 技术训练:跆拳道腿法、拳法、进攻、防守、击打距离、动作的启动速度、单个技术动作的力量等。

负荷特点:本阶段跆拳道的训练内容主要是身体素质和基本技术,因此训练负荷主要以中、小安排为主,而训练节奏应缓慢地逐渐提高教学负荷强度。尤其要严格控制大强度训练,因为大的强度可以很快的出成绩,但是只会昙花一现,不能成为最优秀的运动员。

2. 技战术训练阶段(时间 2—3 年)

主要训练任务:以理论为基础,全面提高运动员专项技战术水平。

主要训练内容:

(1)发展技术动作的速度、力量;提高运动员的专项耐力;

(2)全面掌握跆拳道进攻、防守技术以及技术动作的攻防综合运用;

(3)学习和掌握有关技术和战术方面的理论知识;

(4)比赛中培养过硬的心理素质和意志品质。

负荷特点:本阶段跆拳道训练的负荷应逐渐提高,运动量和强度都同步提高,在本阶段后期明显加大运动负荷量,使负荷量和强度及总负荷都达到教高的水平,负荷节奏采用波浪形和渐进的方式,负荷强度要向比赛接近。

3. 最佳竞技阶段(时间 3—5 年)

主要训练任务:提高运动员的竞技状态,使其具备参加大型比赛的能力,力争创造优异的运动成绩。

主要训练内容:

(1)训练增加负荷,增加比赛次数,发展技术动作的速度、力量;突出个人绝招,提高运动员的专项耐力。

(2)提高运动员临场比赛的专项能力及临场应变能力。

(3)学习和掌握有关技、战术方面的理论知识,培养战术意识,提高战术运用的质量。

(4)提高运动员比赛中的心理素质。

(5)加强有关训练和比赛理论知识的学习。

负荷特点:本阶段跆拳道训练的负荷量和强度呈波浪式递增走势,当运动员进入最佳竞技阶段之后,由于多年承受高强度的负荷和高水平激烈的竞赛,加之伤病积累的影响,使其继续承受大负荷的训练。因此,这一阶段训练负荷的安排应更加细致。

4. 竞技保持阶段(时间 2—4 年)

竞技高峰期的延续,负荷通常低于专项提高阶段和最佳竞技阶段。主要训练内容:按照自我感觉掌握并控制训练的过程,在技术上精益求精,尽可能地延长其运动寿命。

（四）多年训练计划范例

阶段	主要任务	年限	训练的重点内容及顺序	负荷
基础训练阶段	发展一般运动技能	2–4	1. 培养兴趣，增强体质；发展身体素质，提高学生的动作速度及身体的协调性、灵敏性等。 2. 基本运动能力及基本技术动作的规范性。 3. 一般心理素质。	循序渐进
专项提高阶段	提高专项竞技能力	3–5	1. 稳步提高专项运动素质。 2. 发展专项技、战术。 3. 培养意志品质及心理品质。 4. 培养个人绝招。 5. 提高专项理论水平。	逐年增加逼近极限
最佳竞技阶段	创造专项优异成绩	3–6	1. 以专项运动素质训练为主。 2. 突出个人绝招。 3. 增加比赛次数、加大训练负荷。 4. 巩固意志品质及心理素质的稳定性。 5. 力争最好专项成绩。 6. 提高专项理论水平。	逼近极限在高水平区起伏
竞技保持阶段	努力保持竞技水平	2–3	1. 提高比赛中心理的稳定性。 2. 以专项运动素质训练为主。 3. 保持专项技、战术。 4. 提高专项理论水平、文化课学习。	保持强度明显减量

二、年度训练计划

跆拳道年度训练计划是指运动员对该年度训练任务、目的和进程的设计。围绕多年训练计划所制定的大致思路的基础上，结合上一年度计划的执行情况和当年的主要任务而确定本年度训练计划的内容。它是全年训练工作的依据。通过科学、周密的训练计划，克服训练中的盲目性和片面性。

（一）年度训练计划的内容一般应包括以下几个方面：

（1）对上一年度的简单总结，发扬长处，找出存在的问题和解决的办法。

（2）年度训练的目标和任务：年度训练计划的中心思想要确定本年度教学目标，然后把训练目标具体化为若干个独立而又彼此联系的训练任务。教学只有围绕训练目标的实现而进行的设计和规划，只有合理的为实现训练目标中的具体化教学任务，训练才有针对性。

（3）运动员当前情况分析（运动素质、专项运动能力、技战术情况、心理、意志品质、现实存在的问题等）：通过对运动员现实情况的分析，使教练员清楚地了解本队运动员的情况，便于科学地制定训练的总体目标和教学任务。

(4)全年训练周期或阶段的划分:运动训练过程的阶段性特征,是通过许许多多连绵不断的大小周期循环往复而表现出来的。在各训练周期或各阶段提出具体的训练任务,安排具体的训练内容。包括运动员竞技状态的发展、保持和消失三个阶段的一个完整的训练过程。

训练的周期是以参加重要比赛获得满意成绩为目标,以运动员竞技状态发展过程的阶段性特征为依据而确定和划分的。

(5)年度训练的主要内容:指年度计划中的各周期或各阶段的具体训练内容,包括辅助练习、身体素质、基本技术、攻防技术、战术训练、意志品质、心理素质和专项理论等方面的教学内容。

(6)运动负荷及其变化节奏:确定训练中负荷变化的总趋势,是训练计划指导性部分的一项重要内容。运动负荷的安排应体现出负荷强度与负荷量度的搭配关系,其动态变化的趋势常用训练强度和训练量的曲线图表示。

(7)基本措施与要求:年度训练过程中的恢复措施,包括生物学措施和训练学措施两个方面。前者有营养、药剂、理疗、水疗、电疗等化学法和物理疗法,后者既训练学恢复措施,主要指训练节奏的科学安排和训练内容、手段的变化。在训练过程中影响训练进程的因素很多,教师应对可能发生的情况给予考虑,并制定相应的对策方案,以便当意外情况发生时,能及时、有效地采取相应的措施,保证训练工作顺利进行。

(二)根据我国跆拳道比赛时间的安排,一般将全年训练计划分为两个周期

第一周期:10月至第二年的5月

改进提高专项技战术,全面提高运动素质,培养个人绝招,培养过硬的训练和比赛作风,学习有关的理论知识,参加上半年的比赛,争取下半年的参赛资格。

第二周期:5月至10月

经过赛后的1~2周的休整,转入准备期,根据锦标赛发现的问题及时改进技战术,突出个人绝招,针对主要对手的特点进行模拟训练。突出专项素质训练,参加下半年的冠军赛,争取优异的运动成绩。

每个周期又划分为以下不同的时期:

准备期又分为两个阶段,第一阶段为一般准备前期,第二阶段为专项准备期。

1. 准备期

(1)前期准备(时间为2个月左右)

[任务] 主要任务是运动员形成竞技状态所必须的各种前提条件,具有全面性的特点。即全面发展运动员的身体运动素质、身体机能、基本技术,发展专项所需的一切基础,并逐步向专项竞技的提高转化。

培养个人技战术打法,学习有关的理论知识,加强意志品质磨练和优良的训练作风。

[训练安排]以增加负荷量为主,逐渐增加负荷强度,专项身体训练和专项技术并重,并安排必要的智力训练和磨练运动员的意志品质。

(2)后期准备(时间为2个月左右)

[任务] 主要任务是初步形成竞技状态，将前一段所获得的一般竞技能力转移到专项能力的提高上。既发展专项力量,提高技战术水平,培养个人绝招,培养训练和比赛作风。

[训练安排] 以增加负荷量为主,逐渐增加负荷强度,专项身体训练和专项技术要有针对性,并安排必要的智力训练和磨练运动员的意志品质。

2. 竞赛期(时间为1个月左右)

[任务] 主要任务是发展运动员的专项竞技能力。做好赛前的准备工作(模拟比赛能力、赛前训练、专项训练等);赛中的准备工作(心理上、精神上、体能、技能上调节到最佳竞技状态)参加比赛,创造优异的运动成绩。

[训练安排] 运动负荷量小于准备期,而运动负荷强度则明显提高。针对主要对手的特点进行模拟训练,并通过接近比赛的负荷强度多次反复刺激机体,使身体器官适应比赛节奏。

3. 休整期(时间为3周左右)

[任务] 恢复调整运动员身体状况,总结上半年训练和比赛经验,制定新的训练目标和计划。

[训练安排] 恢复性的一般训练,训练量和强度较小。

(三)年度训练计划负荷控制

在年度训练计划制定中,训练计划负荷的变化要根据各自所处的训练时期,确定不同阶段中的适宜搭配；训练计划负荷的量度要根据运动员技术或战术掌握以及竞技状态的实际情况而定。总之,运动训练负荷的安排应体现在:第一,力求在竞技比赛中,使运动员机体处于最佳竞技状态;第二,训练负荷的量与强度安排应与运动员机体状态的周期性变化相适应;第三,无论发展体能、技能还是战术能力,首先要加大负荷量,并以此为基础逐渐提高负荷强度;第四,应重视训练后的恢复,使运动员有机体的疲劳及时得到缓解。

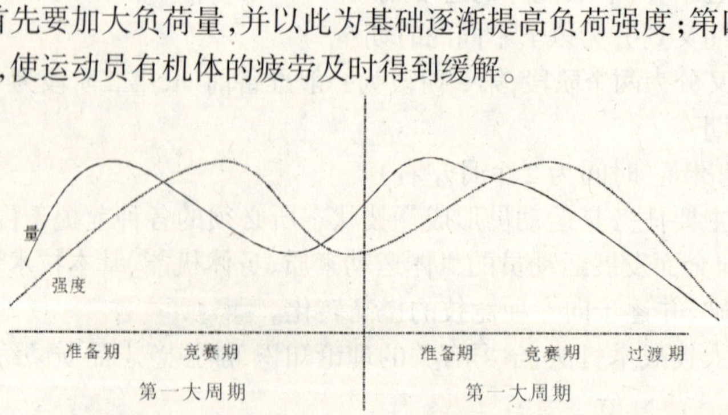

三、阶段训练计划

阶段训练计划是为确保年度训练目标的实现而制定规划的，时间跨度一般为1—3个月，又可把它称之为中周期，它具有很强的灵活性和针对性，阶段训练计划直接指导着周和课训练计划的安排，对各种训练计划的执行起着承上（多年、年度训练计划）启下（周课训练计划）的作用。当年度计划出现偏差时，主要通过阶段训练计划来进行调整。但有时阶段训练计划也作为一种相对独立完整的计划。如准备参加亚运会、世界锦标赛、世界杯、奥运会的赛前集训计划。

（一）阶段训练中的种类和主要任务

阶段训练中周期的基本类型可分为引导性中周期、基础中周期、测验训练性中周期、赛前中周期、比赛中周期和恢复中周期。

1. 引导性中周期

本阶段的基本任务是恢复正常的训练，逐步把运动员机体和心理引入正常的训练状态。其特点是逐步提高训练的负荷，训练的内容以一般身体素质训练为主，约1—2周。本阶段特别要控制训练的强度，应以中运动量和小强度练习为主。

2. 基础中周期

本阶段的主要任务是提高运动员机体主要系统的机能能力，发展运动素质，形成技、战术技能。其特点是手段多样化，广泛交叉运用负荷进行大运动量、大强度训练刺激机体的适应能力。

3. 测验训练性中周期

本阶段的主要任务是针对比赛活动的特征进行训练，检验运动员在前两个中周期中所获得的运动技能在测验中表现出来。其特点是以提高专项训练水平和改进技、战术的训练内容为主，广泛运用接近比赛的专项练习和比赛性练习。

4. 赛前中周期

用于准备阶段与比赛阶段之间的过渡，其持续时间约为4~6周。本阶段的主要任务是抓好制胜技术的训练，克服运动员在训练中暴露出来的一些问题，提高技、战术运用的能力，并使运动员经前两个中周期中所初步形成的竞技状态向最佳状态发展。其主要特点是训练内容专项化和和集成化，突出技、战术训练、意志品质训练和心理训练。教学中根据运动员的竞技状态，采用加运动强度和运动量的小周期训练，促进竞技能力的提高，或者是减小运动强度和运动量的小周期训练，加快恢复过程，防止过度疲劳。

5. 竞技比赛周

主要任务是调整运动量和运动强度，对运动员的体力、技、战术和心理素质进行调节，以最佳的竞技状态参加比赛，并完成比赛任务。

6. 恢复调整中周期

其主要任务是使运动员尽快从训练比赛中周期和比赛紧张的情绪中恢复过来，为进入下一周期的训练做好准备。其持续的时间取决于全年训练计划的安排、比赛期的长短及比赛的重要程度和运动员的个人特点等,训练内容一般以身体素质训练为主。

(二)阶段训练计划负荷控制

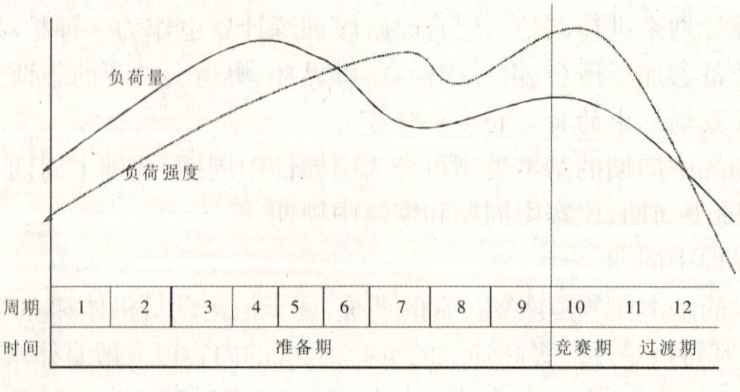

四、周训练计划

周和课运动训练计划，是教练员组织日常训练教学工作必不可少的教学文件。它以周而复始的小周期的形式执行全年训练计划,周训练计划对于控制训练过程和调节训练进度都起着关键作用。

(一)训练小周期的类型和特点

根据训练任务和教学内容的不同可分为基本训练周、赛前训练周、比赛周、恢复周四种类型。周训练类型的划分使训练目的更明确,训练任务更具体,训练内容和训练负荷以及恢复措施的安排更有针对性。

1. 基本训练周

主要任务是通过是熟练掌握专项技战术，并通过负荷的变化使机体产生新的生物适应现象,不断提高运动员的竞技能力。

训练的内容主要服从训练任务的需要，并根据不同负荷后机体的反应和恢复状况进行训练或调整。基本技术和战术训练周，运动训练过程中突出技术训练。如一天有两次训练课,一次为基本训练课,另一次为补充训练课。基本训练课一般安排提高专项竞技能力的训练内容，训练负荷多为大或中,补充训练课则可安排比较广泛的训练内容,训练负荷多为中或小。

2. 赛前训练周

主要任务是根据比赛的要求，采用各种训练方法力求运动员的机体适应比赛的需要和条件，把运动员长期训练过程中所获得的各方面的竞技能力集中到专项上，主要用于比赛前的专门训练准备。

赛前训练周的内容与基本训练周的内容相似，既通过训练内容的合理交替，让运动员在一周中持续承受多次负荷的训练，从而有效地发展专项竞技能力。区别是：赛前训练周的训练内容和练习方式更专项化，练习组织形式更接近比赛的特点。

负荷特点：特点是负荷量降低，负荷强度增加，等同于甚至高于比赛强度；强化在高强度对抗下技、战术的运用能力；同时调整心理的状态，为进入竞赛作好应有的准备。

3. 比赛周

主要任务是根据跆拳道比赛规程的项目特点，在比赛的过程中合理安排运动员的训练和生活，最大限度地保持运动员的最佳竞技状态。为培养运动员最佳竞技状态作最后的调整，力求实现预期的目标。其训练特点：根据不同性质的训练负荷后，达到超量恢复的时间来安排。内容：一般是无氧代谢训练、力量训练及高强度专项训练安排在比赛周的第 8—10 天，而把恢复性的有氧训练和中低强度的一般训练安排在第 3—5 天。

负荷特点：要全部围绕使运动员机体在比赛日处于最佳状态来进行，训练负荷根据运动员个人特点及赛前的状态而定。

4. 恢复周

主要任务是降低负荷，消除运动员生理和心理的疲劳，负荷量和强度明显下降（达到全年的最低），训练的安排多为一般性训练内容，使运动员在精神上和体力上完全得到恢复。

（二）基本训练周训练计划范例

表 1–5　＿＿＿＿＿＿跆拳道队周训练计划

××年××月××日至××年××月××日　＿＿＿第＿＿＿阶段第＿＿＿周

课次 星期	早操	上午	下午	晚上
一	6：00—7：30	9：00—11：00	14：30—17：00	
	休息	一.准备活动 40′ 1.行进间专项、柔韧 二.基本部分 70′ 1.踝、膝、腰能力训练 90′ 2.大脚靶效果 三.结束部分 10′ 个人练习、放松	一.准备活动 40′ 1.专项、柔韧 二.基本部分 70′ 1.空击 2.小脚靶技、战术 3.口令速度跑 4.腰腹肌 三.结束部分 10′ 1.两人放松（牵拉）	

续 表

	6:00—7:30	9:00—11:00	14:30—17:00	
二	一.准备活动 15′ 1.慢跑 二.基本部分 60′ 1.专项技术 2.有氧跑 3000 米 100×4 次 200×2 次 三.结束部分 15′ 个人练习、放松	休息	一.准备活动 40′ 1.专项、柔韧 二.基本部分 90′ 1.空击 2.小脚靶技、战术 3.调动 4.腰腹肌 三.结束部分 10′ 1.两人放松(牵拉)	
	6:00—7:30	9:00—11:30	15:00—17:00	
三	休息	一.准备活动 40′ 1.专项、柔韧 二.基本部分 100′ 1.空击 2.双护具技、战术 3.口令速度跑 4.腰腹肌 三.结束部分 10′ 1.两人放松(牵拉)	一.准备活动 40′ 1.行进间专项、柔韧 二.基本部分 70′ 1.踝、膝、腰能力训练 2.行进间专项能力靶 3.个人特长训练 三.结束部分 10′ 个人练习、放松	
	6:00—7:30	9:00—11:00	14:30—17:00	
四	一.准备活动 15′ 1.慢跑 二.基本部分 60′ 1.专项技术 2.30 米×10 次 50×3 次 100×5 次 三.结束部分 15′ 个人练习、放松	休息	一.准备活动 40′ 1.专项、柔韧 二.基本部分 90′ 1.空击 2.双护具技、战术 3.条件实战 4.腰腹肌 三.结束部分 10′ 1.两人放松(牵拉)	
	6:00—7:30	9:00—11:00	14:30—17:00	
五	休息	一.准备活动 40′ 1.行进间专项、柔韧 二.基本部分 70′ 1.踝、膝、腰能力训练 90′ 2.行进间专项技术靶 三.结束部分 10′ 个人练习、放松	一.准备活动 40′ 1.专项、柔韧 二.基本部分 90′ 1.空击 2.小脚靶技、战术 3.调动 4.口令速度跑、腰腹肌 三.结束部分 10′ 1.两人放松(牵拉)	
六	6:00—7:30	9:00—11:00	14:30—17:00	
	休息	力量	10000 米有氧跑	
日			队会	

上周训练小结	本周主要任务
1. 2. 3.	1. 重点提高专项能力。 2. 针对个人技战术特点,强化连击能力和击打效果。 3. 加强小肌肉群的力量和协调性训练。

教师:××× ×××年××月××日

五、课训练计划

训练课是运动训练最根本的组织形式。课训练计划是根据周计划所规定的任务、内容和运动负荷的安排而制定的。制定好课的训练计划和保证每次课的训练质量,是提高竞技能力和达到预期目标的根本保证。

(一)根据跆拳道训练课的主要任务和内容,一般把课训练计划划分为以下五种类型

1. 身体素质训练课

主要进行身体素质训练，提高身体机能能力。特点是训练内容和手段多样化,采用短跑、长跑、球类、活动、负重练习、各种跳跃动作、柔韧练习、跆拳道腿法和踢小脚靶练习,提高一般和专项身体训练水平,运动负荷较大(通常一般身体训练课的负荷量较大,专项身体训练课则负荷强度较大)。

2. 技、战术训练课

主要是安排运动员学习和掌握步法、腿法、以及各种攻防技、战术训练,提高技、战术训练水平。特点是:学习和掌握跆拳道技、战术的训练课,其负荷量较大,负荷强度较小;而巩固和提高技、战术的训练课其负荷强度要大,并保持一定的负荷量,最后过渡到技、战术在实战中能够运用。

3. 综合训练课

主要是根据技、战术与身体素质训练课结合起来,根据要求按一定比例进行训练,用于同步发展各种竞技能力。特点:训练课的内容较丰富,多个训练内容交替安排训练,课的负荷视具体的任务和内容而定。

4. 模拟比赛训练课

主要是安排在比赛前的训练阶段，其主要任务是提高运动员在模拟比赛中控制对方技术发挥,运用技、战术达到得分的目的。训练特点:训练内容单一,负荷强度大,达到甚至超过比赛的负荷强度。

5. 调整训练课

主要任务是对运动员疲劳的机体进行积极的恢复和调整,训练的安排主要是以小负荷练习为主。训练特点:课的负荷相对较小,大量采用球类、游戏和郊游等积极性恢复手段,以及生物学、心理学、等恢复的方法,消除运动员身心的疲劳。

(二)综合训练课计划范例

表 1–9

授课年级	××级跆拳道	周次	××周	人数	××人
授课时间	××年×月×日	课时安排	××学时	指导教师	×××

续 表

教材内容	1.空击 2.小脚靶技战术 3.调动 4.腰腹肌	教学任务	1.通过空击练习,提高动作的连贯意识。 2.通过小脚靶技战术,强化连击能力和击打效果。 3.针对个人技战术特点,强化动作攻反意识。 4.加强腰腹小肌肉群的力量和协调性训练。

部分	时间	教学内容	练习份量 组数	练习份量 时间	组织与教法
开始部分	5分钟	1.集合整队(师生问好) 2.点名记录 3. 宣布本课教学内容及任务 4.安排见习生		5分钟	组织: ×××××××××× ×××××××××× △ 要求: 1.快、静 齐。 2.站成两路横队。
准备部分	35分钟	1.游戏:(贴膏药) 规则: (1) 两人组合成一个整体,一前一后站立。 (2) 集体围成大圆圈,找出两个同学,一人追一人跑,被追者在跑动中找一个组合贴在前方。 (3)后者跑动,当被追到时,反过来循环进行。		10分钟	组织: 教法: 1.老师讲解游戏规则 2.老师组织学生游戏 要求: 积极认真、注意力集中,严禁开玩笑。
		2.专项准备活动 (1)小步跑 (2)高抬腿跑 (3)交叉步跑 (4)空中斜向并腿 (5)空中转腰 (6)提膝 (7)连续前踢跑 (8)左右提膝 (9)横踢攻反 (10)双飞	各×2趟		组织: ××××××××→ ××××××××→ △ 教法: 1.老师讲解示范 2. 学生听口令行进间练习 要求: 1.训练中严肃、认真,互相学习 2.动作标准
		3.柔韧练习 (1)做式屈腿下压 (2)分式直腿下压 (3)单屈腿下压		15分钟	组织: ×××××××××× △ ××××××××××

部分	时间	教学内容	练习份量 组数	练习份量 时间	组织与教法

续 表

准备部分		(4)跪式压踝关节 (5)后躺拉长肌肉 (6)左右竖叉、横叉	各 8× 4拍	10 分钟	教法: 1.老师讲解示范 2. 学生听口令练习 要求: 1.训练中严肃、认真、动作规范 2.压腿时要循序渐进,防止拉伤
基本部分	60 分钟	1.空击 训练要点:想练结合。主要培养技战术运用意识。如:设想对手主动抢后腿横踢,我即可用相应的“反击战术”破之。优点:一个技战术可以反复练习。  3. 调动 训练要点:结合规则,突出技战术运用。主要对各种训练能力全面检验。如:2分钟实战,按照规则进行对抗,控制场上的节奏,合理的运用技战术,提高攻防反迎的技术运用。优点:培养意志品质、强化专项能力。 	4´× 2组 每组 休息 1´ 2´× 5组 每组 休息 1´	10 分钟 15 分钟	组织:分散练习 × × × × × ◇ × × × × × 教法: 1.老师讲解“想练结合”空击训练内容 2.学生按要求进行练习 3.老师发现错误及时纠正 要求: 1.攻反意识要强,动作协调、准确到位 2.注意力集中 组织:两人一组集体练习 ××××××××× ××××××××× ◇ 教法: 1.老师讲解如何结合规则,怎样合理运用技战术。 2. 训练中出现的问题老师要及时纠正 3.学生按要求进行练习 要求: 1. 主动抢点,技战术变化多。 2.认真练习,仔细用肢体体会动作 3. 发声洪亮,重点注意动作速度、力度等。
部分	时间	教学内容	练习份量 组数	练习份量 时间	组织与教法

续 表

基本部分	60分钟	2. 小脚靶技战术 训练要点:移动练习。主要培养技术动作的连击能力和击打效果。如:拿靶方调动对手为目的的连续快速出靶。优点:提高技术动作的连贯性。 	4´×5组 每组休息1´	25分钟	组织:两人一组集体练习 ×××××××××× ×××××××××× ◇ 教法: 1.老师讲解示范脚靶移动技术。 2. 学生两人一组按要求进行攻反练习。 3.老师发现错误及时纠正 5.强调易犯错误,对技术动作详细讲解 要求: 1. 一人手持脚靶, 喂递各种技术动作,另一人根据不同的靶位快速反应踢击脚靶。 2. 攻反意识要强,动作协调,注意力集中。
		4. 往返跑+腰腹肌 训练要点:动作规范。主要是增强躯干的力量。	30次×5组	10分钟	1、要求 (1)训练认真,要完成训练任务。 (2)腰腹肌动作规范。
结束部分	20分钟	1. 行进间放松操5分钟慢跑。 2.集合讲评、表扬好人好事。 3.归还器材 4.师生互行礼、解散		20	组织: ×××××××××× ×××××××××× ◇ 要求: 1.动作协调、肌肉放松 2. 站成两路横队,要快、静、齐
场地布置	保护垫小脚靶护具	运动负荷与心率曲线			
		平均心率	10″/31次	大 中 小	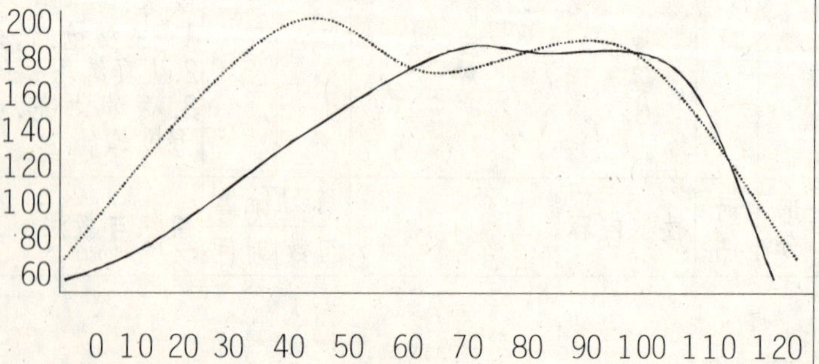量:…………; 强度:———
		强度指数	大		

续　表

教学自评	1. …… 2. …… 3. ……

思考题

1. 怎样理解跆拳道训练计划的制定？
2. 跆拳道训练计划如何分类的？
3. 怎样制定合理的训练计划？

第七章 跆拳道竞赛组织与裁判法

跆拳道裁判员的工作任务是依据跆拳道竞赛规程和大会制度，对参赛运动员、教练员以及随队人员在比赛中所表现出来的行为做出裁决并最终评定胜负的人员。为了提高执裁水平，裁判员必须把规则和裁判法这两门课程学深学透，积极参加实践，不断提高业务水平。根据跆拳道竞赛的性质，任何比赛都要认真做好竞赛的组织管理工作。

第一节 跆拳道裁判员能力的培养

一、培养裁判员的组织与教法

对于学生跆拳道裁判员来说，虽然具有较强的理论知识，但从事跆拳道裁判工作临场执裁的机会较少，从而也就制约了他们执裁判罚能力整体水平的迅速提高。针对于此种情况，教师应要求学生尽可能多的参加跆拳道临场执裁工作，还应督促学生多观摩、勤思考、常总结、善发现的良好习惯。从而弥补学生临场实践机会不足的方面。

(一)跆拳道裁判员理论知识与实践学习流程

对跆拳道裁判技能学习我们可以总结一种模式，根据学习内容的内在联系、培养过程的内在规律、培养方式的内在原则等进行了整理。为学生裁判技能学习提供参考。

该流程图是以培养跆拳道裁判员的理论与实践能力为目标，通过理论与实践两个子系统中若干个要素不断反馈、调整、强化，相互作用、相互关联，从而达到预期的学习效果。

(二)跆拳道裁判教法要点提示

(1)在进行规则及执裁技巧讲授时，应采用课堂讲解与临场观摩相结合的方法进行。在课堂上讲解各种允许的技术和攻击的部位、有效攻击的得分、记分和公布、犯规行为、获胜方式、击倒后的处理程序、比赛中断的处理程序、编排等；在讲解录像比赛时，首先讲清楚犯规和得分的判罚标准，然后通过比赛中的实际战例，引导、启发学生积极思考，从而加深他们对规则的理解，进而使他们逐步从感性认识上升到理性认识，从抽象的逻辑思维过渡到具体的形象思维。

(2)教师临场示范或观看国内、外比赛中的典型战例。让学生用眼看、用耳听、用脑想、用手做、用口说等实践活动，有目的、有重点、有组织的进行学习和讨论。

(3)启发学生的思维。教师根据重点章节提出的讨论题目，并由学生准备发言提纲。课上先由学生发言，阐述自己的观点，然后其他学生在针对发言者的观点进行讨论与分析，最后再由教师进行归纳总结。

考核评定

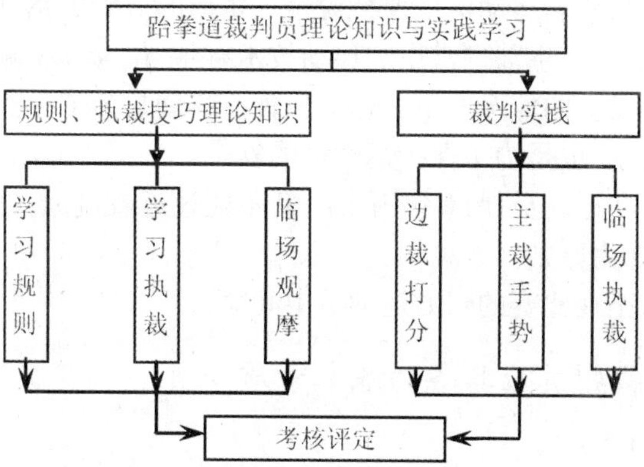

二、跆拳道裁判员执裁的技能培养

(一)边裁判员的打分

打分要准确。按照准确、有力的标准，严格执行规则得分的标准进行判罚。参考本书主要规则部分。

(二)主裁判员的口令、手势与要求

1. 手势

手势要准确、清楚、及时地表达自己的判断(但不夸张)，应规范、美观、大方。

2. 口令

口令要响亮、果断，动作要敏捷、干脆，应避免与运动员有身体的接触。

3. 要求

(1)尽量减少比赛的中断，不要作不必要的、多余的手势。

(2)发布口令或作手势时要表情自然，威严自信。

4. 练习的方法

(1)教师示范讲解相结合集体练习。

(2)按照裁判员的手势图要求，逐个练习，达到熟练地掌握。

(3)自己对着镜子练习手势,边练习边自我纠正。

(4)在别人的帮助和纠正下练习手势,当帮助者喊出某种手势时练习者快速做出。

(5)模拟比赛练习。按照比赛的程序两名运动员在实战时故意制造犯规的动作,练习者根据犯规的动作进行判罚。

(6)实战练习。两名运动员按照比赛的规则进行对抗,裁判员根据犯规动作进行判罚。

(三)主裁判员的站位与移动

(1)主裁判员与两名运动员应保持锐角三角形的位置关系,以便观察判断并及时控制比赛的节奏。主裁判常用的移动技术有:站位、起动、侧移、冲刺跑等。

(2)根据比赛场上的情况要不断移动位置。移动是为了寻找判罚的角度、减少错判、漏判的几率,也是为了保护运动员的安全。

(3)比赛中要和运动员保持一定的距离,不能过近或过远,以不影响运动员正常技术水平发挥为原则。

(4)不允许从正在比赛的双方运动员中间穿行。

三、跆拳道裁判员应具备的基本素质

(一)业务要精

1.努力钻研业务,精通竞赛规则和裁判法

裁判员是受委托在规则的框架和裁判法的指导下对比赛进行执裁的。作为跆拳道裁判员必须精通竞赛规则和裁判法,比赛中的每一次判罚、评分都应该以竞赛规则和裁判法为准绳,做到有章可循,经得起考验。执裁中更应该公平、公正、公开、严肃、认真,进行准确的判罚。

为了提高执裁水平,裁判员必须把规则和裁判法这两门课程学深学透,积极参加实践,不断提高业务水平。事实表明:裁判员错判、漏判及反判的原因,多数是由于对执裁工作理解不透、认识不深、钻研不精所造成的。这里所强调的精通,就是用心钻研,着重领会竞赛规则的内在精神实质,并把握住条文之间的有机联系,除此之外,还要将规则解释及各种判例相结合,以达到对整个规则的融会贯通。执裁的水平又是项目发展的窗口,裁判员业务水平,体现在执裁的过程中,所以要不断钻研业务,了解当今世界跆拳道运动发展趋势,不断进行观念和知识的更新,提高执裁水平。

2.通晓技战术知识

从竞赛规则的角度来说,技术战术的运用要符合竞赛规则的得分标准,裁判员为了正确地鉴别技战术运用的得分于否及控制比赛的节奏。必须拥有跆拳道技战术方面的知识。从裁判工作的角度来说,裁判员只有懂得了技术,他才能分析出某些动作是否合理,才能找出犯规的主因,才不会被表象或假象所迷惑。裁判员只有懂得战术,他才能及时把握住宣判的重点。只有在思想上有了充分的准备,有了较高的预判性,那么在宣判时他才不会惊慌失措,才不会失去工作的重点。

(二)思想要正

1. 热爱跆拳道事业,具有敬业精神

作为一名跆拳道裁判员要理解运动员的比赛心理。必须认识到,裁判工作关系到跆拳道运动的发展与项目的生存。关系到跆拳道技战术水平的普及与提高,关系到良好的体育道德的形成与发扬,关系到国家的荣誉和声望。只有这样理解裁判员才能更加热爱和忠诚裁判工作,从而在无私奉献中感到欣慰,从公平准确的判罚中得到满足,从不断提高中得到鼓舞。

2. 具有较高的职业道德修养

跆拳道裁判员应具有良好的职业道德,全面的体育修养,强烈的责任心和正义感,不弄权渎职、不徇情枉法,敢于同不良现象做斗争,作风要正派,要热爱体育竞赛裁判工作。此外,裁判员之间要互相学习,互相尊重,互相支持,加强团结。高水平跆拳道裁判员在为人处世方面也应具有较高的修养,做事要正,业务要精,这将有助于他们去处理赛场上所发生的任何棘手问题。

(三)心理素质要硬

1. 自信

作为跆拳道执裁的"主裁判",首先要自信,如果裁判员缺乏应有的自信,那么他在宣判时就显得犹豫不决,或者他虽然做出了正确的判罚,但表现的不够自信,从而让运动员对他判罚准确性产生怀疑。自信,能够稳定情绪、产生威严;自信,能够鼓舞斗志、战胜困难;自信,能够控制行动、发挥能力,所以,自信是裁判员必须具备的执裁素质。

2. 果断

跆拳道裁判工作的特点是瞬间反应。如果裁判员优柔寡断,那么就会错失宣判的最佳时机,从而形成漏判。如果裁判员草率妄断,又会因时机不成熟,造成错判。所以,只有那些精通业务、善辩时机,而且又当即立断的裁判员,才称得上是好的高水平的裁判员。

3. 思维敏捷、反应迅速

跆拳道比赛速度快,变化多,而有些情况稍纵即逝,因此,裁判员只有反应迅速,才能及时地捕捉到犯规的行为,才能做出正确的判罚。但对有些问题单凭感觉和知觉是解决不了的,只有通过大脑的思维来判断解决,但比赛又不允许裁判员有足够的时间去思考和判断。因此,具有思维敏捷、反应迅速、判罚准确的素质，对跆拳道裁判员来说至关重要的。

4. 沉着、冷静

对裁判员来说，在他遇到异常或出乎意料的事件时，不慌张、不急躁、有克制、有修养，这样才显示出他驾御比赛的能力，因此，沉着、冷静也是好的裁判员应具备的素质。

（四）身体素质要棒

1. 速度快

跆拳道比赛中裁判员始终要和运动员站成一个三角形，比赛中运动员的移动速度快，战术变化快，攻防转换快，由此可见，速度的转移对裁判员来说非常关键。

2. 灵敏高

裁判员在比赛执裁中，不但要做起动、侧移、占位等各种动作，而且还要准确、及时地对比赛中的各种情况做出判罚，并适时、规范地做出宣判手势，因而，这又要求裁判员具有良好的灵敏素质。

（五）仪表、执裁要端庄

1. 服从领导、仪表整洁

服从安排，服从领导，遵守纪律，执裁时精神饱满，服装整洁，仪表大方。

2. 执裁义务

所有的执裁者无条件维护运动员竞赛的平等利益。

（六）裁判员进场与退场

1. 进场

（1）每节开始前，临场裁判组按位置顺序列队入场，到达各自的位置后，听主裁判口令，相互行礼，各就其位。主副裁判轮换时，主裁判行至副裁判面前，行礼后换位执裁。

（2）主裁判进入比赛场地后，观察双方运动员及裁判员等是否就位，如到位，发出口令，用手势指挥双方上场。

2. 退场

临场裁判员全体起立，互相敬礼，按顺序列队退场。

第二节　跆拳道比赛主要规则

根据竞赛规则制定的总体精神，对裁判员在执裁过程中提出四点要求，即：倡导公平公正；保证运动员技战术水平的发挥和比赛的顺利进行；保护运动员的安全；即时记分。本节充分考虑了竞赛中各种可能出现的问题，也为了双方运动员的利益以及维护比赛的公平性严肃性。下面对主要竞赛规则进行讲解。

一、允许的技术和攻击的部位

(一)允许的技术

(1)拳的技术:使用紧握的拳的正面食指和中指部分攻击

可以理解为:正确紧握的拳。因此,使用正确紧握的拳的正面食指和中指部分攻击是允许的。无论是角度、轨迹、和拳攻击的位置。

(2)脚的技术:使用踝骨以下脚的部位攻击

可以这样理解:使用踝骨以下脚的部位攻击技术是合法的(脚面、脚跟、脚掌),而使用踝骨以上腿的部位,如小腿、膝关节等,是不允许的。

(二)允许被攻击的部位

(1)躯干:允许使用拳和脚的技术攻击躯干被护具包裹的部分,但禁止攻击后背脊柱。

可以理解为:腋窝和骨盆之间被被护具包裹的部分是合法攻击部位。护胸(大中小)护胸应根据规则按各体重级别护胸号码及运动员的体型穿戴。

(2)头部:从两耳向前的头颈的前部,只允许使用脚的技术攻击。禁止攻击后脑。

可以理解为:包括双儿在内的整个面部。除后脑之外。

二、得分的标准

(一)有效得分部位

(1)躯干中部:护具包裹整个护具。

解释:除后背脊柱中间垂直部位外的整个护具。

(2)头部:包括双耳在内的整个面部。

解释:包括双耳在内的整个面部,除后脑之外。

(二)有效得分的标准

(1)击中躯干得 +1 分。

(2)击中头部得 +2 分。

(解释 1)

准确:指合法的攻击技术全部接触在对手合法的目标范围之内。

(解释 2)

有力:

——无电子感应器的护胸:

足够的击打力度表现为对手的身体因击打的效果有突然的位移。

——使用电子护胸:

由护具中的电子感应器测量击打力度，根据体重级别、性别差异以不同标准自动记分。

(3)一方选手被对手的合法攻击击中躯干或头部得分部位而出现击倒情况，主裁判读到3秒的情况下，则再给对方加+1分。(执裁指导)

——“读秒”的尺度：

运动员被击倒，主裁判首先检查运动员的状态，然后读秒。一旦主裁判开始读秒，边裁判应在读秒至“3”时，再给对方加1分。

——“击倒”的尺度：

运动员双脚脚掌脱离比赛垫子。

——“站立击倒”的尺度：

运动员虽然站立，但是身体摇晃或因击打效果蜷缩。

(三)无效得分

使用不合法的技术或动作得分，得分无效，这是一条原则，在这种情况下，主裁判必须通过手势减去得分并给予相应的处罚。

解释：

(1)使用禁止的动作击打，得分无效。

(2)在上述情况中，主裁判应立即发出“暂停”口令，首先用手势减去得分，然后给予相应的处罚。

三、记分和公布

(一)有效得分应立即记分并显示

即时记分：意味着得分技术一出现即应立即记分，延误一段时间之后再记分视为无效。

(二)未使用电子感应护具时，由边裁判用电子记分器或记分表记录得分

立即记分并显示：边裁判员的打分应立即显示在记分牌上。

(三)使用电子感应器时

(1)躯干部位的有效得分，由电子感应器自动记分。

(2)头部有效得分，由边裁判员用电子记分器或记分表记分。

未使用电子感应器时，所有得分必须通过边裁判自己的判断。必须有仪器立即显示得分，如果显示器有障碍，记分必须立即记录在边裁判的记录表上，并在一局比赛后公布。

使用电子感应护具时：得分技术击中护胸将自动记分，边裁判负责击中头部的得分和护具之外部位的得分。

（四）用电子记分器或记分表记分时，必须有两名或两名以上的边裁判记分方为有效

无论使用什么记分系统，边裁判应遵守即时记分的原则，一局比赛结束后再记分是违反规则的。

四、犯规行为

（一）制定犯规行为的目的

保护运动员。

保证比赛的公平性竞赛。

鼓励适当的或完美的技术运用。

（二）跆拳道比赛中任何犯规行为将由主裁判判罚

（1）如属于多重犯规时，选择程度较重的处罚。

例如：一个（警告）和一个（扣分）同时出现，必须处于（扣分）；如果两个犯规同等程度，主裁判可根据自己的判断选择一项处罚。

（2）处罚分为"K yong － go"（警告）"G am － joam"（扣分）两种。

两次警告累积扣一分，但最后的奇数警告不记入总分。每两个警告累计扣一分，无论犯规的行为是否相同或不相同，也无论犯规出现在哪一局。

（三）判罚警告的犯规行为

1. 妨碍比赛进程

（1）越出边界线。当运动员两脚越出了边界线，裁判应立即给予（警告）的处罚。

（2）倒地。如果一方运动员因对手的犯规行为而倒地，不应给予（警告）的处罚，而应处罚另一方。无论运动员因使用动作或进攻而倒地，都应给予警告的处罚。如果双方运动员都倒地，故意倒地或先倒地的一方将给予（警告）的处罚。

（3）转身背向对手逃避进攻。因为违背了公平竞争的精神，并容易导致严重的受伤。同样，因逃避进攻而蜷伏或弯腰至腰部水平线以下，也应给予处罚。

2. 不良行为

（1）抓住对手。用手抓住身体的任何部位、道服、护具，也包括脚、腿或用前臂勾住对手的脚或腿。

（2）搂抱对手。用手或手臂压住对手的肩膀，用手臂搂抱对手的躯干。目的是阻阻止对手使用动作。为了上述的目的，如果比赛中出现了用手臂压住肩膀或腋窝之外的其它部位，应给予处罚。

（3）用手或躯干接触对手。用手推对手，或展开双臂贴靠对方。

（4）伪装受伤。缺乏公平竞赛精神予以处罚是这一条款的目的。夸大受伤程

度或并非因为击打而表示身体某一部位伤痛。目的是为了表示对手的动作是犯规的行为,或为了拖延比赛的时间,而夸大受伤程度。在这种情况下,主裁判应两次对运动员作出继续比赛的提示,每5秒一次,如运动员仍不服从命令,则给予(警告)的处罚。

(5)用头或膝部顶撞对手。主要指在近距离时故意用头或膝部顶撞对手。

在下面两种情况下用膝顶撞进攻不在处罚之内:

① 当使用脚的技术时,对手突然前冲靠近。

② 非故意的或因进攻距离不合适造成的。

(6)攻击对手裆部。是指故意攻击裆部。当攻击裆部的行为是由于合理击打或正常使用技术的过程中出现,则无须处罚。

(7)蹬踏、踢对手的腿或脚。是为了阻止对手的进攻技术,使用强有力的击打或蹬踏动作攻击大腿、膝关节或胫骨任何部位。

非故意的接触或正常使用技术而出现的行为不予处罚。

(8)用掌或拳击打对手面部。包括用(拳、腕、小臂、肘关节)等攻击对手的面部。

由于对手的不经意动作,比如过分低头或随意转身而引起的情况,不予处罚。

(9)教练员或运动员打断比赛进程。

① 教练员在比赛中离开指定的位置而影响比赛,或故意离开比赛场地。

② 教练员在场地周围走动目的在于妨碍比赛进程,或对裁判的判罚表示不满。

③ 教练员或运动员以姿态示意得分或扣分。

(10)回避比赛。一方运动员无意进攻而回避实战,处罚给予更加消极和经常向后退的一方。

提示:主裁判可以使用自己的权限,在给予一方运动员的不良行为"警告"处罚之前给予"注意",但是"注意"在每局比赛中最多使用2次,第3次出现时应处以"警告"。如果认为动作是故意的,无需给予"注意",而直接判罚"警告"。"注意"不适用于"妨碍比赛进程"的行为。

(四)判罚扣分的犯规行为

1. 妨碍比赛进程

(1)抓住对手进攻的脚将其摔倒,或用手推倒对手。

为了妨碍对手的进攻,而使用抓住对手进攻的脚或用手推的动作。

(2)发出"暂停"(Kal-yeo)口令后攻击对手或攻击已倒地的对手。

这种行为特别危险,容易导致对手受伤。

原因:①倒地的对手当时可能处于无防卫状态。

②暂停后故意攻击倒地的对手

③攻击倒地运动员而使用的任何技术的击打力量,是根据运动员的位置而增加。这类主动攻击倒地运动员的行为是违背跆拳道精神的,在跆拳道竞赛中是不合时宜的,因此,无论故意与非故意地攻击倒地的对手都应给予处罚。如果一方运动员攻击或假意攻击倒地的运动员,必须给予扣分处罚。

(3)故意用拳攻击对手面部。主裁判根据自己的判断,给予下列行为"扣分"的处罚。

原因:①当拳攻击的起点位置高于肩膀。

②当拳攻击的方向向上。

③当攻击的目的是为了在近距离内伤害对手,而非正常使用技术。

2. 不良行为

(1)教练员或运动员用过激言语或行为多次打断比赛。

不良行为包括叫喊、威胁裁判、以不合法的途径对裁判的判罚比赛抗议等。如在比赛间歇中出现不良行为，主裁判可立即给予判罚并记入下一局比赛的记分中。

(2)运动员违背竞赛规则和故意不服从主裁判员时,主裁判员可在1分钟后直接判其"犯规败"。

主裁判判其"犯规败"。当运动员或教练员无视或违反跆拳道基本原则、竞赛规程或裁判员的命令,主裁判可判其"犯规败"。不论是否累积扣分达到4分。特别注意的是，如果运动员表示出故意伤害倾向，或无视裁判员的指令而公认犯规,这样的运动员必须立即判其犯规败。

(3)犯规累计扣四分(-4)者,主裁判判其"犯规败"。

犯规累计扣(-4)分,主裁判判其"犯规败":无论是因为(警告)或(扣分),当一名运动员累计扣(-4)分,将自动成为负方。此时,主裁判将无条件宣布另一方为胜方。

五、获胜方式

(一)击倒用(K.O 胜)

当运动员被合法的技术击倒,读秒至8时仍不能比赛在战,主裁判宣布比赛结果,主裁判判断运动员不可能继续比赛,可在10秒之内宣布比赛结果。

(二)主裁判员终止比赛胜(RSC 胜)

如果主裁判或大会医生判断，运动员即使在1分钟恢复时间后仍不能继续比赛,或运动员不服从主裁判继续比赛的命令,主裁判应结束比赛,宣布另一方获胜。

(三)比分或优势胜

胜负取决于最后比分或优势判定。

(四)弃权胜

(1)运动员在比赛中因受伤或其它原因弃权

(2)运动员在休息时间后不能继续比赛或没有听从命令开始比赛

(3)教练员向场地抛毛巾示意弃权

(五)失去资格胜

运动员在称量体重不合格或比赛前失去运动员身份

(六)主裁判员判罚犯规胜

运动员累计扣(-4)分

(七)突然死亡法

三局比赛结束,双方出现平局(因扣分造成的比分相同或绝对平分),加赛一局,采用突然死亡法,时间为两分钟,先得分者获胜。加赛双方均未得分,则进入优势判定程序。

(八)优势判定

(1)三局比赛结束,双方出现绝对平分时,加赛一局,采用突然死亡法,时间为两分钟,先得分者获胜。如果加赛局仍然打平,则进行优势判定程序。

(2)优势判定时,所有裁判根据比赛情况判定优胜者获胜。如果三名边裁判的决定是 2:1,主裁判将自行决定获胜方。

(3)优势判定是依据比赛中表现出的主动性。

(4)因扣分出现平分时,三局比赛中得分多者获胜。

六、击倒后的处理程序

当运动员被受到合法的攻击被击倒时,主裁判将采取以下处理程序:

(1)主裁判发出 “Shi-gan”“暂停”口令暂停比赛,将进攻者置于远处。

在这种情况下,站立的一方应回到比赛场地上标出的各自运动员的位置,但是,如果被击倒的运动员就在攻击一方运动员的标出位置上或附近,攻击方运动员应在其教练席前的警戒线中心点处等待。

(2)主裁判大声向被击倒的运动员从一到十读秒,每间隔一秒读一次,并用手势表示时间。

读秒的根本目的是为了保护运动员,即使运动员在主裁判秒读至 8 以前表示在战,主裁判应继续读秒至 8,才能继续比赛。读秒至 8 是强制性的,主裁判不能随意更改。

(3)即使运动员在读秒过程中表示再战，主裁判也必须秒读至8，使运动员获得休息，并确认运动员是否恢复，如已恢复就发出继续(Kye-sok)口令继续比赛。

主裁判必须在读秒至8之前判断运动员是否已恢复。读秒后确认运动员的状态仅是程序，主裁判在继续比赛之前不允许无谓地拖延时间。

(4)主裁判读秒至“8”秒时，被击倒的运动员仍无法表示继续比赛，则读秒至“10”秒后宣布另一方“击倒胜”。

运动员以实战姿势、紧握双拳数次表示继续比赛。如果运动员在主裁判读秒至“8”秒时，仍不能以这一姿势表示，主裁判应立即在读秒至9、10秒后宣判另一方为胜方。读秒至“8”秒后，运动员示意在战应视为无效。如果主裁判判定其不能继续比赛，即使运动员在主裁判读秒至8时表示再战，主裁判可以继续读秒，可以宣布比赛结束。

(5)即使一局或整场比赛时间结束，主裁判也要继续读秒。

(6)如果双方运动员同时被击倒，如有任何一方尚未恢复，主裁判继续读秒。

(7)读秒到10秒后双方都不能恢复，应按击倒前的比分判定胜负。

(8)主裁判判断一方运动员不能继续比赛，可以不读秒或在读秒过程中判另一方获胜。

(9)主裁判判断一方运动员能否继续比赛

在主裁判读秒至8之前已明显恢复，并作出在战的表示，主判断也清楚地确定运动员的状态，但由于需要进行治疗而不能继续比赛，主裁判必须首先发出“Shi-gan”“暂停”、计时(Kye-shi)的口令，有1分钟之内的治疗时间，后继续比赛。

七、比赛中断的处理程序

一方或双方运动员因受伤而中断比赛，主裁判应采取以下处理程序：

(一)主裁判发出“Shi-gan”“暂停”口令暂停比赛并发出计时(Kye-shi)口令令记录员暂停比赛时间

(1)主裁判判定一方运动员生命危险，明显神志不清并处于危险状态时，应立即中断比赛，安排急救。如果伤害事故是由扣分犯规行为造成的，就判犯规者负；如果攻击动作不是扣分犯规行为，则按比赛中断的得分判定胜负。

① 由扣分犯规行为造成的，判犯规者负。

② 由合法动作或意外的、不可避免的接触造成的，判不能比赛者负。

③ 由比赛无关造成的,按比赛中断前的得分决定胜负。如果比赛发出在第一局比赛结束前,比赛无效。

(2)允许运动员在1分钟内治疗。

① 允许治疗:主裁判判断有必要治疗时,可由大会医生进行治疗。

② 命令继续比赛:运动员能否继续比赛由主裁判判断,主裁判可在1分钟之内的任何时间命令运动员继续比赛,不服从命令继续比赛者判负。

③ 运动员接受治疗或恢复,记时40秒后,主裁判5秒大声提示时间,运动员在1分钟结束时不能回到比赛区指定位置,主裁判必须宣判比赛结果。

④"记时"口令后,无论大会医生如何治疗,1分钟的记时必须严格执行。但是,需要治疗而医生缺席或需要进一步治疗,主裁判可以中断分钟的记时限制。

⑤ 如1分钟不能继续比赛,比赛结果将判不能继续比赛者负。

(二)双方运动员受伤,1分钟不能继续比赛,或出现紧急情况,比赛结果将按下列准则判罚

(1)如不属于犯规行为引起,比赛结果将按中断比赛时的比分判定。但是,如比赛中断发生在第一局比赛结束之前,比赛无效,组委会将安排合适的时间重新比赛。如一方运动员在重新比赛时间仍不能参赛,则视为弃权。

(2)如因双方运动员的扣分犯规行为引起,则判双败

(三)由扣分行为造成另一方受伤,一分钟不能恢复比赛,判犯规者负

(四)双方被同时击倒,一分钟后都不能继续比赛时,按受伤前双方得分判定胜负

(五)如因其中一方运动员的扣分犯规行为引起,则判犯规者负

(六)运动员即使只受轻伤,一分钟后仍不示意在战,主裁判判其负

八、主裁判对犯规判罚的原则

根据规则的精神,主裁判在执裁过程中的任务有四条,即倡导公平公正;判罚及时、准确,业务要精;保护运动员的安全;保证运动员技战术水平的发挥和比赛的顺利进行。主裁判任何的判罚都应遵守这个精神,而不应该拘泥于刻板地、机械地执行规定条款。规则在讨论、修改、修订的过程中,充分考虑了各种可能出现的情况,为了双方运动员的利益以及维护比赛的公平、公正、严肃性,主裁判还应从以下几个方面的情况作出合理的判罚:

(一)有意无意:根据规则要求,原则上对有意或故意的犯规给予较重的判罚,对无意或不可预料的犯规给予较轻的判罚。如:比赛中运动员经常出现攻击下肢或裆部的现象,对于故意犯规的一方要给予相对较重的处罚;但有时犯规是

无意或不可避免的,一方运用技术动作攻击对方躯干,而与此同时,另一方使用腾空技术,使下肢、裆部处于原先躯干的高度或位置,造成进攻方犯规。这种犯规纯属无意和不可预料,主裁判应根据实际情况给予较轻的处罚或不予处罚。

(二)有先有后:运动员在比赛中,无论是合理的技术或犯规的技术,都存在着未知数,例如,合理的技术击打对方的躯干,也就是说一方运动员出拳攻击对方躯干,另一方运动员下蹲躲避进攻,造成拳法击打部位不准,击中对手头部。这种情况属于合理进攻在先,犯规结果在后,双方运动员对此犯规都应负有部分责任,主裁判要根据造成的后果给予相应的处罚;在如,双方运动员靠在一起,分开后继续攻击对方,主裁判应准确判断攻击动作是在分开口令之前,还是之后,或是同时,责任方是谁,是运动员没有听清口令,还是由于动作的惯性,或者是无意或故意攻击对方。主裁判应准确判断具体情况,根据规则进行合理判决。

(三)有主有次:运动员在比赛中出现的双方犯规情况,有主动和被动之分,主裁判要分清主次,判罚引起犯规的主要责任方。如例,接触行为中的抓、推、抱行为,一方运动员在接触中推对方,另一方为了不被推开,反射性地抓住对方的某一部位或道服,造成双方都有犯规行为。在此种情况中,有主要和次要方面的责任,应对引起犯规的主动方给予处罚,对被动的一方给予较轻的或不予处罚。

(四)有轻有重:根据受伤的程度衡量判罚的尺度。例如,头部受伤的判罚。首先,应充分考虑运动员的安全方面,判断是否能继续参加比赛。其次,判断运动员是合理的技术还是犯规的技术。在此基础上应充分考虑有意无意、有先有后等各方面综合情况,作出合理、公正的判罚。

(五)有利无利:主裁判判罚应针对犯规的一方,有利于公平竞争,有利于运动员的技术发挥,有利于比赛的顺利进行。例如,对边界问题的判罚,有的运动员为消极对待比赛,有意将比赛置于警戒线附近,让自己一旦完成进攻就处于出界的位置,等待裁判喊停,等待有利于自己的局面。主裁判应清楚的了解双方运动员的比赛心理,该判的判,不该判的主裁判坚决不判,不让不合理的局面出现。

(六)黑白分明:主裁判对犯规行为应坚决地按照竞赛判罚尺度标准执行,如不判罚,就说明犯规程度达不到处罚的标准。主裁判不应出现莫名其妙、模棱两可的提醒或判罚。

[附]

主裁判手势图

1. 运动员进场(CaII for contestants)

双手从身体两侧向上曲肘抬臂，伸出食指，分别向右、向左伸出食指发出“Chung”“橙”(青)、“Hong”“轰”(红)的口令,同时双手食指指向运动员位置。

2. 立正 / 敬礼(Cha-ryeot/ Kyeong-rye)

曲臂上举,掌心相对,五指并拢至眉高,发出“Cha-ryeot”“喳列”(立正)的口令。两掌心相对下按,使前臂在胸前成一直线,同时发出“Kyeong-rye”“给应列”(敬礼)的口令。

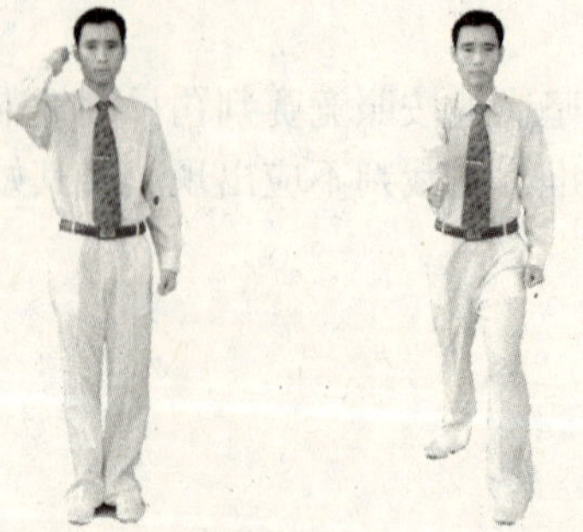

3. 准备(Joon-bi)

右手掌曲臂抬至右耳处，左脚向前一步成左前弓步,右臂迅速向下伸直,略高于腰部,同时发出 “Joon-bi”“准比”(准备)的口令。左手握拳自然垂于身体的左侧。

4. 开始(Shi-Iak)

以“准备”姿势开始，略回收左脚，双手分别以身体中心线向两侧成45°角在胸前张开，然后迅速向中间合拢，相距为肩宽，同时发出“Shi-Iak”“喜乍”(开始)的口令。

5. 分开 / 结束（KaI- yeo/Ke-man）

左脚向前一步成左高前屈立，右掌从右耳处迅速向下伸直，发出“KaI- yeo”“嘎榴”(分开)或“Ke-man”“歌曼”(结束)的口令，同时右手迅速劈下，动作同“准备”动作。

6. 继续(Kye-sok)

成左高前屈立，右手直臂平伸，迅速屈臂至右耳处，同时发出“Kye-sok”“该索”(继续)的口令。

7. 宣告胜负（Winner declaration）

主裁判发出（Cha-ryeot/Kyeong-rye）立正 / 敬礼的口令和手势，另双方行礼。青方获胜时，主裁判右手握拳屈臂至胸前后手掌伸开向上方迅速举起，同时发出“Chung Seung”(青胜)的口令。左手握拳，自然下垂在身体左侧。当红方获胜时，主裁判左手同样的动作，并发出“Hong Seung”(红胜)的口令。

8. 计时(Kye-shi)

右手屈臂,用食指指向计时台,发出“Kye-shi”“给希”(计时)的口令。

9. 暂停(Shi-gan)

伸出双手食指在胸前交叉成X型,发出“Shi-gan”“希干”(暂停)的口令。

10. 读秒(Counting)

采取直立或下蹲的姿势双手握拳。按右手大拇指到左手小指的顺序依次从胸前屈臂伸直,读秒时并显示给运动员,当读到“5”与“10”时手掌掌心要面向运动员。主裁判在读秒过程中声音要洪亮,眼睛始终要注意观察运动员的身体反应,如出现危险时,要及时让场上医生采取治疗措施。

11. 接触行为(Touching acts)

右手伸开,五指并拢,屈右臂使右手贴近左肩。

12. 消极行为(Negative acts)

双手相向握拳,屈臂至胸前成一条线,向两侧分开再合拢两次。

13. 攻击行为（Attacking acts）

左掌屈臂举起至肩高，以右拳面击左掌一次。

14. 妨碍比赛进程

右手握拳，食指伸直置于右耳侧，右指指向犯规运动员，上臂微曲 135°。

两掌伸直，手腕交叉，右手在内，距离咽喉向前 20 厘米。

15. 不良行为

左手握拳，右手食指伸直置于右耳侧，右指指向犯规运动员，上臂微曲 135°，右掌自然遮挡嘴部。

16. 判罚警告（KaI- yeo declaration）

发出“KaI- yeo”（分开）口令后，立正姿势面向犯规运动员，伸出右手食指指向该运动员，并发出“Chung”（青）或“Hong”（红）的口令，然后做出犯规行为的相应手势（如攻击行为），右手握拳曲轴至左肩，再用力挥出食指，并发出“Kyong-go”（警告）的口令。

17. 判罚扣分（Gam-jeom declaration）

发出“KaI- yeo”（分开）的口令后，伸出右手食指指向犯规运动员，发出“Chung”（青）或“Hong”（红）的口令后，右手握拳，由下向上从身体右侧直线向上伸直手臂，并发出“Gam-jeom”（扣分）的口令。

18. 取消得分

发出暂停（Shi-gan）口令后立即取消得分；

成立正姿势，右掌置于额前约20厘米处；

右掌水平方向向左右摇摆两次，幅度同肩宽，取消得分；

完成动作2后，向记录台发出“时间”口令并对犯规运动员作出判罚。然后发出“继续”口令，比赛继续进行。

19. 注意

左手握拳、右手食指指向犯规运动员，上臂微曲成135度；右掌掌心向前，左右摇摆一次；

手握拳，食指伸直（让运动员知道主裁判给予一次“注意”）。

第三节　竞赛的组织与编排工作

一、竞赛的组织工作

根据举办跆拳道竞赛的性质,可分为国际赛、全国赛、省市比赛等,无论组织哪种比赛都要认真做好竞赛的组织管理工作。

(一)成立竞赛筹备组织

大型的比赛要成立相应的筹委会、组委会和竞赛委员会,讨论决定组织方案,其内容包括竞赛名称,竞赛的目的任务、组织机构、比赛经费预算、各阶段的工作步骤和具体实施程序。

(二)制定竞赛规程

竞赛规程是赛会的法规性文件,必须以“竞赛规则”为准则,可依据竞赛规则的精神进行适当的补充和调整。竞赛规程又是举办跆拳道竞赛的指导性文件,是所有参赛运动员队必须共同遵守的章程。竞赛规程一般在赛前的三个月发出,以确保参赛队伍有充分的时间准备。

竞赛规程主要包括以下内容:竞赛名称、主办单位、承办单位、竞赛日期和地点、参加单位、运动员参赛条件、竞赛项目、参加办法、竞赛办法、录取名次及奖励办法、报名及报到、经费、资格审查、申诉、技术、仲裁、裁判员人员选派、禁止使用违禁药物、大会活动日程表等。但是竞赛规程有大有小,因此根据竞赛规模大小的实际情况,对以上各项可以有所增减。

(三)制定工作计划

根据组织方案、竞赛规程和竞赛的主要工作日程计划,由各部门拟定具体工作计划,经组委会批准后执行。

1. 仲裁委员会主要工作

解决竞赛中出现的重大问题。

2. 竞赛处的主要工作

做好竞赛的编排工作并编印秩序册,做好裁判组织工作,审查参赛运动员资格,安排各队赛前和休息日的训练时间和场地,检查场地、器材设备和各种表格准备情况,召开领队、教练员会议,讨论有关问题。

3. 秘书处的主要工作

作好比赛的宣传报道工作,安排文艺活动,成立治安小组,维持好比赛场地的秩序和安全工作。

4. 总务处的主要工作

搞好接待、生活、住宿、交通和票务工作,成立医务小组,备好医疗用品等。

(四)竞赛期间的工作

(1)坚持政治思想教育,教练员要严格遵守赛风赛纪,比赛场上运动员要赛出风格、赛出水平,尊重裁判、尊重观众,发扬胜不骄、败不馁作风。

(2)要组织裁判员及时总结、发现问题,改进问题,努力提高裁判员执裁水平。

(3)医务人员应深入比赛场地,及时处理发生的伤害事故。

(4)及时检查比赛场地、器材、设备情况。

(5)经常与运动员取得联系,召开会议,及时通报和处理有关问题。

(6)做好住宿及比赛场地的治安工作。

(7)若更改比赛场次、场地、日期应及时通知有关人员。

(8)总务处应及时了解情况,改善服务措施。

(五)竞赛的结束工作

各部门要及时做好工作总结,组织各队和裁判员进行经验交流,组织好闭幕式和办理各队离会事宜。

二、竞赛编排工作

跆拳道竞赛通常采用单败和双败淘汰赛两种。选用竞赛制度应根据比赛人数、时间、场地及经费等情况确定。

(一)编排的原则

(1)以竞赛规程、报名单位和大会的时间为依据,计算竞赛实际天数是否与大会时间吻合,若有出入,应与有关部门取得联系,进行调整。

(2)不论参赛人数多少,同一级别的所有比赛原则上应在一天内结束。

(二)编排的步骤

(1)审查报名表。若有与规程不符的情况,应与有关部门联系,及时解决。

(2)绘制竞赛日程表。表中非竞赛场次的活动内容及一律不在列入。

(3)绘制按竞赛规程所规定的竞赛伦次表,并标明运动员序号、比赛的时间、比赛的伦次及论空的序号。

(4)抽签列序。抽签是编排的重要工作,它涉及竞赛的程序。抽签应由总裁判长或副总裁判长1人、竞赛处一人、大会组委会一人在场,编排记录组全体人员应在场。抽签数应与号码位置数相等。机器抽签或教练员或领队根据本队所报级别的人数相应地为本队队员抽取编号顺序,交编排记录组负责编入竞赛程序表,不得更改。

(三)编排的方法

跆拳道比赛的编排方法采用单败和双败淘汰赛。

1. 单败或双败淘汰赛的编排有 8 人制 16 人制 32 人制

单败淘汰赛是将所有参加比赛的选手编成一定的比赛程序，由号码位置数 8 人制(8)加 1 两个数字相加的总数就是两名选手进行比赛的对阵表，胜者进入下轮比赛，败者被淘汰，单败淘汰赛只能确定冠、亚军，两个并列第三名。

(1)单败淘汰赛号码位置数的排列。如果参加比赛的运动员人数不等于号码末位数时，需要在比赛的第一轮设置一定数量的轮空位置，使参加第二轮比赛的运动员人数正好是 2 的乘方数。若设种子选手，小数向后推如(1、2、3、4)为种子选手。

号码位置数 +1= 比赛对阵表

号码位置数 - 人数 = 轮空数

(2)单败淘汰赛总轮次的计算。

计算轮次：2 的 n 次方既为 n 轮。

号码位置数—1—轮空数 = 总场数。

(3)单败淘汰赛优缺点。

优点：场次和轮次少。组织形式比较容易被人理解。适用于参赛运动员多的比赛；

缺点：只能胜利不能失败。每一名运动员输一场将结束本次比赛征程。

8 人制对阵表编排方法

第一轮　第二轮　决赛

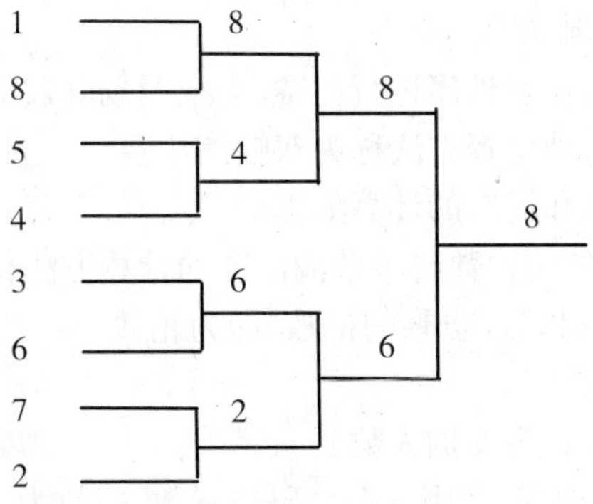

如果参加比赛的运动员不是 2 的乘方数，要根据参赛运动员实际人数，以 1 数向后为轮空数，依次类推。号码位置数—实际人数 = 轮空数。如 13 人参加比赛，选用 16 为号码位置数，16–13=3，即 1、2、3 号为运动员轮空签数。

16人制对阵表编排方法

第一轮　第二轮　第三轮　决赛

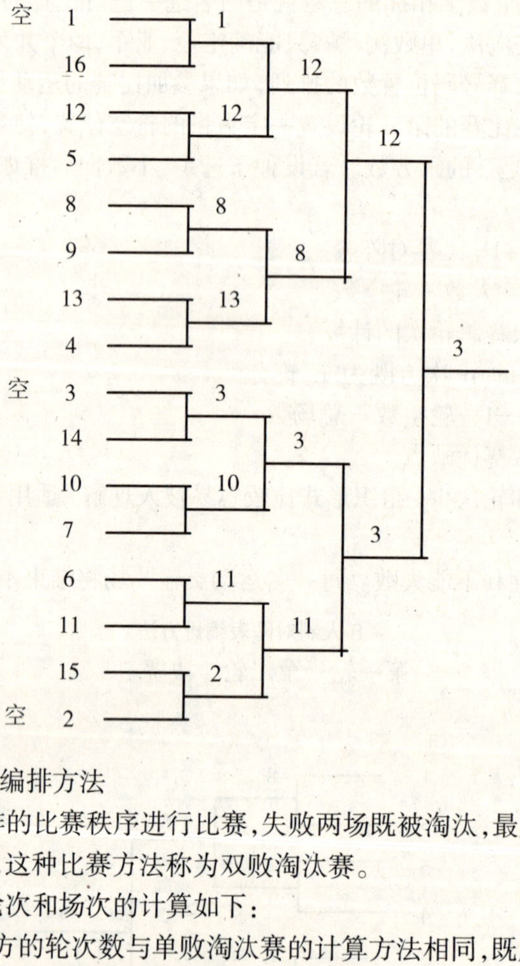

2.双败淘汰赛编排方法

运动员按编排的比赛秩序进行比赛，失败两场既被淘汰，最后失败一场为亚军，不败者为冠军，这种比赛方法称为双败淘汰赛。

双败淘汰赛轮次和场次的计算如下：

计算轮次：胜方的轮次数与单败淘汰赛的计算方法相同，既所选用的号码位置数（2的乘方数），其指数（自乘的指数）即为轮数。

负方轮次 =2 n −2

总轮数 =2 x −3（ x 为参加人数）

例如：16人参加比赛，选用6个号码位置数，指数为4，

则轮数 = n +（2 n −2）=4+（2 × 4−2）=10

场数 =2 x −3=2 × 16−3=29

8 人制对阵表

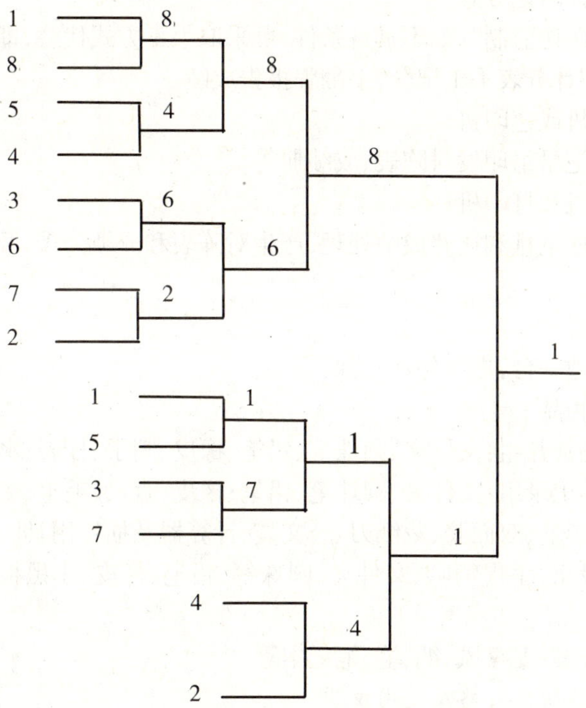

三、竞赛的表格及器材

(一)竞赛所需器材

1. 比赛垫子

12M×12M 经中国跆协认可具有一定的厚度和弹性。

2. 护具

分青、红两色的头盔和护身,号码齐全,数量能满足上场及场下检录运动员的需要。

3. 桌椅

供仲裁委员会、总裁判长、临场裁判、记录组、检录组及宣告席、医务席使用。

4. 体重秤

标准的相同型号的体重秤四台,在男、女称重室内、外各一台,并做好备用准备。

5. 电子计时记分牌

须中国跆协监制。如不具备条件，可采取手工方式代替，即计时员用秒表计时，副裁判用计分表手工记分，手翻牌报告成绩。

6. 复印机或速印机

供编排记录组印发对阵表、成绩册等。

7. 计算机和打印机

用于秩序编排和比赛成绩处理，产生对阵表和成绩公告，及打印各种竞赛表格等。

8. 摄像机

每块场地一台，提供仲裁录像。

9. 其它物品

(1)临场裁判组：文件夹、圆珠笔、铅笔、橡皮、哨子、秒表、水桶、毛巾等。

(2)编排记录组：文件夹、圆珠笔、铅笔、橡皮、直尺、毛笔、墨水、复印纸、复写纸、白报纸、彩笔、双面胶、裁纸刀、公文袋、计算器及抽签用具。

(3)检录组：手提喇叭、文件夹、圆珠笔、铅笔、橡皮、小黑板、粉笔板擦、指甲刀、胶布等。

(4)宣告员：麦克风、纸、笔、笔记本等。

(二)竞赛所需表格及使用说明

1. 跆拳道竞赛报名表(表一)

单位：　　　　　　　　领队：　　　　　　　　教练：

邮编：　　　　　　　　传真：　　　　　　　　通信地址：

序号	姓名	性别	出生年月	注册号	级别	段位	备注

联系人：　　　　　　　　　　　　　　　　　　　　　　盖章

联系电话：　　　　　　　　　　　　　　　　　　年　　月　　日

由主办单位发出比赛通知，内容包括比赛名称、时间、地点、所设项目、级别，年龄、段位限制及其它要求。参赛单位接到通知后在规定时间将报名表一式两份送主办单位和承办单位。

2. 更换运动员申请表(表二)

单位：　　　　　　领队：　　　　　　教练：

级别	原报运动员	更换运动员	更换原因

总裁判长签字：

参赛运动员报名后，一般不允许更换或改动，如有特殊情况须在抽签之前填写此申请表并缴纳相应费用，经总裁判长签字认可后生效。

3. 运动员抽签登记表(表三)

级别：

姓名	单位	签号	备注

记录长签字：

由裁判组监督，抽签结束后，编排记录长将抽签结果进行登记，以便形成对阵表。

4. 比赛记录表(表四)

体重级别(Weight Div)：　　　　　　比赛场次：(Match No)：

<table>
<tr><td colspan="3">青方(Cheng)</td><td colspan="4">红方(Hong)</td></tr>
<tr><td>警告</td><td>扣分</td><td>得分</td><td></td><td>得分</td><td>扣分</td><td>警告</td></tr>
<tr><td></td><td></td><td></td><td>1</td><td></td><td></td><td></td></tr>
<tr><td></td><td></td><td></td><td>2</td><td></td><td></td><td></td></tr>
<tr><td></td><td></td><td></td><td>3</td><td></td><td></td><td></td></tr>
<tr><td></td><td></td><td></td><td>总分(Total)</td><td></td><td></td><td></td></tr>
<tr><td></td><td></td><td></td><td>胜负(Result)</td><td></td><td></td><td></td></tr>
</table>

K. o胜	R.s.c胜	判定胜	弃权胜	失格胜	犯规胜

记录员签字：

记录员填写比赛的级别、场次，根据副裁判的计分情况(电子记分或计分表)记录每局的双方得分、扣分、警告和确定获胜方等，主裁判签字认定后交记录组进行成绩统计。

5.副裁判计分表(表五)

体重级别(Weight Div):　　　　　　　　　　比赛场次(Match No):

青方(Cheng)			红方(Hong)	
扣分	得分	局数	得分	扣分
		1		
		2		
		3		
		总分(Total)		

K. o胜	R.s.c胜	判定胜	弃权胜	失格胜	犯规胜

裁判员签字:

在不具备电子记分设备时,每个副裁判均用计分表进行记录,比赛结束后将计分表交记录员记录比赛结果。

6.申诉申请表(表六)

单位	领队	教练	
申诉内容:			

年　　月　　日

如果参赛队伍对比赛判定有异议时,须在本场比赛结束后十分钟内填写申诉表(领队、教练签字),提交仲裁委员会,并按照规定交纳申诉费用。

跆拳道竞赛规程

XXX年全国跆拳道XXX赛

一、主办单位:中国跆拳道协会

二、承办单位:XXX市

三、竞赛日期和地点:

XXX年XX月XX日至XX月XX日在XX省XX市举办。

四、参加单位:

各省、自治区、直辖市、各计划单列市,各直属体育院校,各行业体协。

五、运动员参赛条件

(一)思想政治进步,遵守运动员守则,并经医院检查证明(30天之内)身体健康者。

(二)参赛运动员必须是在中国跆拳道协会正式履行注册的运动员,并经审核取得运动员注册证。报名时寄1寸彩色照片4张,统一办理注册证。

四、竞赛项目:

(一)男子:54KG、58KG、62KG、67KG、72KG、78KG、84KG、84+KG

(二)女子:47KG、51KG、55KG、59KG、63KG、67KG、72KG、72+KG

五、参加办法:

(一)每个参赛队可报男女运动员各8名,每个级别限报1名运动员。

(二)参赛运动员不足6名的单位,报教练(或领队)1名;6名以上(含6名)的单位,可报领队、教练各1名;10名以上(含10名)的单位,可报领队1名,教练两名,医生1名。

(三)报名后,各队不得随意更换参赛运动员和级别。

(四)教练员、运动员必须持有中国跆协段位证书。

六、竞赛方法:

(一)采用中国跆协制定的《跆拳道竞赛规则》。

(二)采用个人对抗赛,单败淘汰制。

(三)运动员报道后先称量体重,然后进行抽签编排。

(四)运动员必须着中国跆协认可的道服,自备个人用护具(护裆、护臂、护腿)。

(五)组委会提供头盔、护身。

七、录取名次及奖励办法:

(一)录取名次:每个级别录取个人前五名。(第三名、第五名并列)

(二)前三名分别奖励金、银、铜牌。

(三)奖励团体前8名

(四)录取前五名时:第一名计9分、第二名计7分、并列第三名各计5.5分、并列第五名各计2.5分。

(五)设男女最佳技术奖。

(六)团体和个人设"体育道德风尚奖"。

八、报名及报到:

(一)报名:XXX年XX月XX日(以邮戳为准)前将报名表一式两份(加盖参赛单位公章)分别寄至中国跆协和承办,逾期按弃权论。

(二)报到:各队于赛前两天到赛会报到。

九、经费:

(一)报名费每人 XX 元;

(二)XX 费、XX 费各队自理。

(三)赛会组织、裁判员、奖牌奖杯证书等及其它费用由组委会承担。

十、资格审查

按照全国体育竞赛纪律及处罚规定办法执行。

十一、申诉

对本场比赛裁判员判罚有异议时,可向仲裁委员会申述。

十二、禁止使用违禁药物。

十三、裁判员:

由中国跆协选派。

十四、其他

运动员必须有中国跆协段位证书、注册证、健康证明(心电图和脑电图)、人身意外伤害保险等证明,一旦出现重大意外伤害事故,组委会不承担法律责任和义务。

十五、大会活动日程表

本次比赛赛前、赛中、赛后的活动日期和时间安排。

十六、各级别参赛运动员名单

本次比赛各参赛队的单位和运动员名单。

十七、人数统计表

本次比赛各参赛队的单位和(男女)运动员人数统计。

思考题

1. 跆拳道裁判法包括哪些内容?

2. 如何制定跆拳道竞赛规程?

3. 如何看图学习主裁判手势图?

第八章 跆拳道运动损伤产生的原因与预防

运动损伤是从医学科学分支出来的一门新兴学科。其主要任务是:研究运动损伤的发展规律,诊断、预防、治疗与康复,最大限度地保护运动参与者和运动员的身心健康,保证运动训练的顺利进行。运动损伤不仅在从事专项训练不久、专项素质较差、技术水平不高的学生运动员中容易发生,即便具有较高训练水平的运动员,也难免不产生运动损伤。

由运动训练而产生的细微损伤和慢性损伤往往与运动项目及生理特点有关。一方面,专业运动员从事专业运动时,往往会出现一定的特征,损伤有可能逐渐向严重方面发展,而当停止训练或结束运动生涯时,损伤就会减轻或逐渐得以改善,因此,有人将这类慢性损伤称为运动员职业病;另一方面,具体到跆拳道训练比赛中,以各种形式的擦伤、挫伤最为多见,这种与专业技术有密切相关的急性损伤,有人称其为专项运动技术损伤。

各种运动损伤的产生不仅会影响正常训练, 甚至会缩短或过早地结束运动寿命,而严重的运动损伤则可引起运动员的身心健康障碍。可见,无论对跆拳道业余爱好者,还是教练员、运动员来说,学习掌握有关运动损伤产生的规律、特征、预防、治疗、急救等知识,具有现实意义,应引起足够的重视。

第一节 运动损伤的分类

为了便于研究与处理运动损伤,根据现实情况合理有效地预防、治疗、康复等措施,现将常见的运动损伤介绍如下:

一、开放性损伤和闭合性损伤

按伤后皮肤、粘膜是否完整的具体情况,可把损伤归纳为开放性损伤和闭合性损伤。

1. 开放性损伤

伤后皮肤或粘膜完整性遭到破坏,损伤组织与外界相通。如擦伤、撕裂伤、开放性骨折等，这类损伤有外出血现象，称之为开放性损伤。

2. 闭合性损伤

伤后皮肤或粘膜保持完整，损伤组织未与外界相通。如肌肉拉伤、关节扭伤、脑震荡、闭合性骨折或关节脱位等。这些损伤一般会有内出血现象。

二、急性损伤和慢性损伤

按损伤的病程分类，一般可分为急性损伤和慢性损伤。

1. 急性损伤

一瞬间的直接或间接暴力所致的损伤。往往受伤者即刻或短时间内就表现出来，患者一般都能清楚地说出受伤的过程与原因。伤程短，病理变化以渗出血、肿胀为主，体征表现明显。

2. 慢性损伤

包括肌肉劳损和陈旧的损伤。因不规范动作或轻微碰撞逐渐积累，或因身体某局部长期超限地过度负荷，使肌肉组织逐渐劳损所致，或因急性损伤处理不当或损伤未愈再受伤后逐渐转化而来。病理变化过程较长，发病缓慢，病理变化往往以组织性变、增生、粘连为主，体征表现不明显，并常具有反复发作和多变的特点。运动员对损伤的过程与原因会诉说不清楚。

第二节　跆拳道运动损伤产生的原因与预防

为了有效地预防运动损伤，首先要了解运动损伤发生的原因。

一、跆拳道运动损伤产生的原因

从运动损伤产生的因素看，主要包括三个方面：一、运动员自身的因素；二、总体训练方法的因素；三、周围环境的因素。换句话说也就是内在因素与外部因素。内在因素主要指运动员的自身因素，如身体素质、意志品质和心理素质；外部因素主要指训练方法和环境因素，如训练内容的安排，比赛和训练量和强度的变化等；环境因素主要指自然环境（如季节、气候、海拔高度等）和人工环境（如器械设备、周围环境、防护器材、服装等）。跆拳道运动损伤也与这三方面相关。

二、跆拳道运动损伤的预防

跆拳道锻炼者或运动员要对以下诸点有充分的认识，以提高运动损伤预防的水平。

1. 加强易伤部位的肌力练习

由于跆拳道项目的特点,根据人体解剖运动部位的薄弱点,如脚、踝、膝关节和腰易受伤部位,进行针对性易伤部位的肌肉练习,对于预防运动损伤的发生是十分重要的。如加强股四头肌的力量训练就可以减轻膝关节的负担,减少损伤;加强腰部的力量练习,可防止腰部肌肉劳损或其它情况下减少腰部的损伤。

2. 准备活动要充分

训练或比赛前的准备活动十分重要,既要将躯干,肢体的大肌肉群活动开,也要将小关节活动开。准备活动充分,能使基础体温升高,深部肌肉的血液循环增加,肌肉的应激性上升,关节柔韧性增大。在训练或比赛前,必须安排 20 ~ 30 分钟的准备活动,准备活动时间的长短应根据当日运动员的状态加以控制。正式比赛和平时训练前的准备活动也不相同,应根据具体情况灵活安排准备活动。

3. 合理科学的安排训练

训练计划的安排不符合科学的训练原则,违反了一些生理规律,负荷造成对机体的过度损伤,教练员为了发展某一项素质或技术动作时,过急、过多地进行专门的练习,不根据训练对象的特点,千篇一律地按一个训练计划执行,都会使局部的负荷过重,机体无法适应训练的内容而导致损伤。

在执行训练计划时,在内容安排上要有对于不同年龄、水平、健康状况等的区别,在运动负荷安排上要做到因人而宜,循序渐进,科学地增加运动负荷。训练中要防止由于局部负担过重,肌肉疲劳而出现的运动损伤,训练中每组练习间隔时间内要安排些适宜的放松练习,使机体已疲劳的神经细胞加深抑制,得到休息。

4. 加强医务监督

建立和健全医务监督制度是预防运动损伤的重要措施之一。医务监督应包括运动员自我监督和医生和科研人员检查运动员的生理指标等内容。这样可以随时了解运动员对训练量和运动强度的生理机能反应,为科学地安排训练提供依据。

第三节 跆拳道运动损伤的急救

一、击倒后昏迷的急救

在跆拳道训练或比赛中,因重击而导致的瞬间休克或昏迷,会产生以下症状:短暂的意识障碍而倒地不起、站立不稳、双目失神等现象。

1. 脑震荡的处理

头部遭受重击后最易出现脑震荡,表现出短暂的意识障碍。在比赛或实战中出现休克现象后，可用大拇指强刺激伤者的人中、涌泉、内关等穴位。此时要检查运动员的两眼瞳孔，看一下左右瞳孔是否对称一致。如果发现左右不一，说明已经脑震荡了。需及时送医院救治。

2. 腹部遭重击的急救

比赛或训练中当腹部遭重击时，亦可出现暂时性休克状态，表现为意识清醒，但产生语言障碍。自己可采用呼气，手按鼓起腹部的肌肉，很快恢复则无事，可继续训练或比赛。经过休息仍有其他不适感觉，则应到医院进一步治疗。

二、其他损伤的急救

1. 裆部、睾丸受伤

比赛或训练中当击打到裆部睾丸时，可采用一人抱住伤者的腰部，自己托住裆部向上跳或蹲下的方法进行缓解疼痛。如受伤严重时，首先进行检查，看外部是否出血，再看睾丸是否进入腹腔。如有此两种情况，应及时送往医院治疗。

2. 肌肉痉挛

训练中出现肌肉痉挛，是 Ca^{2+} 进入细胞，使细胞内 Ca^{2+} 增多，从而造成肌纤维失控。训练中出现痉挛后，牵引痉挛的肌肉是常用的缓解办法。如：小腿腓肠肌痉挛时，可取坐位或仰卧位，伸直膝关节，缓慢用力地将足部背伸。牵引过程中注意用力宜缓，切忌猛力，以防肌肉拉伤。同时可配合局部穴位按摩等措施，也有助于痉挛的迅速缓解。

3. 肌肉酸痛

出现局部肌肉疼痛、发胀、发硬后，可对肌肉进行热敷，这样会促使血液循环及代谢过程加快，以助于损伤组织的修复和缓解疼痛。另外还可以进行肌肉按摩，按摩的过程中能促进血液循环，放松肌肉，缓解肌肉疼痛。

4. 运动性昏厥(休克)

训练中出现运动性休克，主要是大强度训练或长时间训练，使大量的血液聚集下肢，回心血量减少，脑供血不足所致。训练中出现休克现象后，应立即平卧，足略高于头，并由小腿向大腿、心脏方向按摩，同时手掐人中、百会、合谷等穴位。

5. 肌肉拉伤

训练中出现肌肉拉伤后应马上进行冷敷，局部加压包扎，抬高伤肢。肌纤维部分断裂者，48 小时后进行按摩。但按摩的手法有轻缓。对怀疑有肌肉或肌腱断裂者，应固定伤肢并加压包扎，及时送医院治疗。

6. 侧副韧带损伤

内侧副韧带损伤是当膝关节屈曲成 130°~150°时，小腿突然外展、外旋，或当足及小腿固定，大腿突然内收、内旋，这种情况下都可能是内侧副韧带损伤。

轻微的侧副韧带损伤，疼痛较轻，肿胀不明显，无关节屈伸障碍时，将伤膝置于微屈曲位，停止活动2~5天，外敷活血止疼中药。3天后进行锻炼，并配以药物进行按摩治疗。按摩时由膝关节患处的远心端向近心端做按摩。

严重的侧副韧带损伤或断裂者，受伤膝关节明显肿胀，伸曲功能受限，并且膝关节疼痛加剧。这种情况应立即进行加压包扎，再送往医院治疗。

7. 运动性腹痛

训练中出现腹疼，并且疼痛的程度和运动负荷密切相关。训练中出现腹疼，可适当减慢训练密度，及时调整呼吸节奏，加深呼吸，同时用手按压疼痛的部位或弯腰走一段，做几次深呼吸，疼痛可得到缓解。

8. 十字韧带和半月板的损伤

十字韧带和半月板的损伤，主要是由膝关节突然的旋转、内收、外展造成的。训练中出现这种现象，当时就会有膝关节松活、软弱无力、不能正常行走的症状。这时应立即加压包扎送往医院进行治疗。

9. 急性腰部损伤

训练中出现急性腰部损伤后应马上进行休息，仰卧于有垫子的木板床上，腰部垫一薄枕，以便放松肌肉，也可与仰望位相交替，避免受伤组织受牵扯，以利于恢复。

10. 骨折的急救处理

所谓骨折，就是骨的完整性遭到破坏。其中，闭合性骨折是指骨折处皮肤完整，骨折端不与外界相通；开放性骨折是指骨折端刺破皮肤，直接与外界相通，这种骨折容易感染，发生骨髓炎与败血症；复杂性骨折是指骨折后，骨的一端刺伤了重要的组织、器官，可发生严重的并发症。

对有出血和伤口者，应先保护伤口，对伴有休克者，应先抗休克，再行固定。固定前不得移动伤肢，暴露的伤口可剪开衣服、鞋袜，不能脱。对大腿、小腿和脊柱骨折，应就地固定，不应放回伤口或去除。

临时固定时，应采用有一定牢固性的夹板，夹板的长度必须超过骨折部的上下两个关节；夹板与肢体接触处，最好有垫衬物，空隙处要填紧，以免产生压迫性损伤；固定时用绷带或布条包裹，固定松紧应合适、牢靠，过紧会压迫神经、血管，使血管血脉不畅。

11. 开放性损伤出血的处理

对于出血开放性损伤，一般有几种处理方法。

加压包扎法。将伤口用消毒敷料盖上后，再用绷带加压包扎。此法用于小静脉和毛细血管出血。

抬高肢体法。将受伤的肢体抬高，使出血部位高于心脏，从而使出血部位血压降低，减少出血。此法仅适用于四肢毛细血管及小静脉出血。

间接指压法。用手指把身体浅部的动脉压在相应骨面上，可暂时止住该动脉供血部位的出血。此法用于动脉出血。

思考题

1. 如何处理跆拳道训练中常见的运动损伤？

2. 运动损伤现场急救中应注意哪些问题？

第九章　跆拳道论文撰写的研究工作

跆拳道科研论文撰写的工作是研究者有计划、有目的、系统地通过各种研究的方法,去探索和认识跆拳道先进的训练理念、方法及技战术运用的规律等。也是促进跆拳道运动发展的一种科学的认识手段。

在现代跆拳道比赛中,要想获得优异成绩,只有依靠科学研究不断地总结教学规律,减少跆拳道训练的盲目性,缩减运动员成才的周期,走科学化训练道路;另一方面,通过科学研究,提高教学的分析能力和解决问题的能力,扩大学者对跆拳道专业知识领域的认识,只有科研和训练相结合,才能实现攀登世界高峰的教学目标。

第一节　跆拳道论文撰写的内容

(1)跆拳道运动训练理论研究:运动训练理论研究的内容包括跆拳道理论、身体素质、技术和战术训练、恢复与心理训练等。两种方法:一是运用基础理论成果指导、解释训练实践的研究;二是从跆拳道运动实践中总结归纳,上升为理论的研究。

(2)跆拳道教学一般理论研究:教学的一般理论包括教学方法探讨,先进合理的教学大纲、教材、教学设计和各种教学实验研究等。

(3)跆拳道选才研究:选材研究主要是不同年龄与不同运动水平层次的运动员在形态机能、身体素质、技战术水平、心理智力方面的选才指标体系,同时在基础理论研究的基础上探讨科学可靠的选才内容、方法。

(4)跆拳道运动医学研究:研究的内容主要是赛场的医务监督和对运动创伤的防治。

(5)运动生理学研究:研究的内容主要是运动状态下人体各种机能变化特点以及相适应的训练原理,以寻找跆拳道机能变化的规律。

(6)运动生物化学研究:研究的内容主要为跆拳道运动的能量、物质代谢特点、训练时的生物化学指标体系、运动营养、兴奋剂等。

(7)运动生物力学研究:生物力学是直接为竞技运动提供服务的应用型研

究,主要依靠生物力和微机系统对技术和训练效果进行精确地分析诊断。研究的内容多技术动作的动力学分析,技术的设计以及生物力学自身研究方法的探索。现代科技如电子技术、计算机等对生物力学研究有很精确的标准。

(8)运动心理学研究:研究的内容主要是心理特征、心理素质、心理训练的方法、心理诊断等一系列运动心理现象与心理控制的研究。

(9)运动队管理方法研究:研究的主要内容有运动场馆管理、跆拳道俱乐部运行机制、武术馆校的管理、运动队管理、竞赛的组织与管理等。

(10)跆拳道发展研究:研究的内容为跆拳道规则的变化、发展史、技术演变史、战术与兵法、护具变化、跆拳道与其它搏击项目比较及历史渊源等。

(11)跆拳道情报研究:情报研究是对本专项具有新内容、新知识的消息进行交流和传递。研究的内容有跆拳道情报搜集、分类、采编、交流、检索等,并注重采用现代科技手段(声相等),提高情报采集、利用和研究的力度。

(12)跆拳道仪器、器材研究:研究的内容有各种技术动作的测试、监控仪器研制、训练器材研制和护具研制等。

(13)跆拳道运动的探索性研究:如跆拳道与散打、跆拳道与自由搏击、跆拳道与社会心理、跆拳道与伦理道德等。

第二节　跆拳道论文撰写的步骤

一篇完整的跆拳道论文撰写过程是一项有计划、有组织、有顺序的工作,这种有序的工作是严谨性、科学性自身决定的。按照论文撰写的过程一般分为以下三个方面:

一、开题报告

(一)论文开题报告书(题目、姓名、专业、学号、指导教师)

(二)选题的意义及研究状况

选题意义:根据研究内容,确立所研究的意义。

研究状况:论述目前的研究现状、存在的问题及解决的办法。

(三)主题内容、研究方法和思路

1. 主要内容

论文分为四个部分:

第一部分:引言。

第二部分:研究原因。

第三部分:详细做法。

第四部分:总结。

2. 研究方法

文献综述法、访问调查法、现场调查法、录像与分析系统法。

3. 研究思路

(1)…………

(2)…………

(四)准备情况(查阅过的文献资料及调研情况,现有仪器、设备情况,已发表或撰写的相关文章等)

1. 总体安排

(1)选题(×月×号)

(2)参考文献(×月×号~×月×号)

[1] …………

[2] …………

注:参考文献要写作者,《书名》,出版社,出版时间与版次。

2. 进度

(1)撰写论文:×月×号~×月×号

(2)撰写论文初稿:×月×号~×月×号

(3)修改定稿:×月×号~×月×号

3. 阶段性工作内容

(1)确定论点、选择材料

(2)总体构思、拟定提纲

二、论文的内容与基本格式

(1)论文题目(中英文):简短明了,突出全文中心,能反映论文的主要内容和研究成果的广度和深度。

(2)作者姓名和单位(中英文)。

(3)摘要:论文摘要一般分为两种类型:一种是指示性摘要,控制在200字左右。另一种是报道性摘要,控制在400字左右为宜。应简明扼要阐述论文的主要信息,以便读者在最短的时间内确定有无必要阅读论文的全文。凡面向国内外公开发行的学术期刊,要求所有文稿须附有英文标题和英文摘要,并列出主题词5个左右(中英文)。

(4)关键词(中英文):一般从全文中选取3—8个能反映题目研究中心的词。

(5)前言:说明选题依据,着重说明论文的理论和实践方面的价值和意义。

(6)文献综述:着重阐述本课题在国内外研究的现状,本文从哪个角度进行研究,预期的结果是怎样的。

(7)研究对象和方法:主要是说明工作的经历,研究(实验)对象的情况(人数、性别、年龄、训练水平等),采用的研究(实验)方法。

(8)研究结果:在这部分应将所获得的数据、材料通过统计图表并结合文字清楚地表达出来。图表必须清晰美观。

(9)分析讨论:根据所取得的材料,经过归纳、概括和探讨,从理论上进行分析,阐述事物的内在联系和客观规律,为论文的结论提供理论上的依据。也可以把这部分同研究的结果结合起来写。

(10)结论和建议:结论是整篇文章的最后总结,但不是论文的必要组成部分。结论主要回答"研究出什么"。它应以正文中的论证分析为依据,完整、准确、简洁地指出研究结果所揭示的原理及普遍性;研究中有无发现例外或本文尚待解释和解决的问题;本文在研究上的意义与价值,对进一步研究本课题的建议等。

(11)参考文献:论文的作者将参考的主要文献目录附在论文后,既表明对别人研究成果的尊重,也便于读者为深入研究有关文献提供线索。体育科技论文文后参考文献通常著录的项目和采用格式为:连续出版物,[标引项顺序号]作者、题名[J]、期刊名称、出版年份、卷号(期号):起讫页码;专著,[标引项顺序号]作者、书名[M]、出版地:出版者、出版年、起讫页码。

(12)鸣谢:对研究工作中给予自己帮助的单位和个人要表示感谢。

三、论文报告(答辩)

(一)报告的程序

先讲题目、摘要,在报告正文宣读时,最好能背下关键的内容或指着幻灯片显示的论文的提纲、图表进行宣讲。

(二)论文答辩

论文答辩的一般程序

(1)论文报告前由大会主持人介绍答辩委员会。

(2)论文导师(或推荐人)简单介绍作者。

(3)论文报告。

(4)答辩委员会和报告人进行要点提问。

(5)论文作者当场回答问题(提问和答辩不超过30分钟)。

(6)评委(4—6人)会议,对论文质量和答辩水平进行评定,经过无记名投票,2/3的评委同意,才能通过。

(7)由评委会的秘书填写评审表,经过评委主任和委员签字,主管部门审批后通知作者。

(8)经答辩评审后,论文合格者,授予相应的学位、职称或奖励证书。

(三)注意事项

(1)充分准备。

(2)态度自然、吐字清楚、充满自信。

(3)服装整洁、仪表端装,开头和结束时要有礼貌用语。

第三节 跆拳道论文撰写的方法

现代体育科学的发展,越来越重视以科学的方法寻求科研的突破,如:数学方法、系统方法等现代科学研究方法的引入和广泛运用,从宏观、微观和定量的角度来全面准确地把握体育运动的规律,极大地提高了体育科研工作的认识水平。运用现代体育科研的方法,结合跆拳道自身的特点来开展跆拳道论文撰写工作。跆拳道论文撰写常用的方法一般分为四类:实验法、调查法、逻辑法、数理统计法。在选题研究讨论时,可根据论文的要求灵活运用,以达到研究的目的。

一、数理统计法

数理统计法是指应用概率论的结果,通过样本来了解和判断总体的统计特性的方法。具体包括:数据处理法、概论统计法、优选统筹法、运筹学法、模糊数学法、正交实验法、科学预测法和科学决策法等。实践证明,它不仅是整理和分析资料的有效工具,主要还是从中能得出定量分析的结论。如在探讨跆拳道专项身体素质对提高跆拳道技术的影响时,可通过相关与回归分析看出专项身体素质与跆拳道技术之间是否有内在联系。在运用数理统计时,要通过数学的运算、推导,因此它要求数学运算严密、数字处理准确。为研究者提供充分的信息。

二、逻辑法

以形式逻辑和辨证逻辑的理论指导科学研究,主要通过分类比较、分析综合、归纳演绎等进行逻辑推理。

(一)分类比较

是将一种对象的有关知识和研究结果运用到另一对象的研究中去的方法,即由此及彼、触类旁通的过程和方法。在科研的领域中,参阅其它项目的研究成果对跆拳道科研会有很大的借鉴和启发。

(二)归纳、演绎法

归纳是从个别事物中概括出一般原理的思维方法和推理形式,是从特殊到一般的推理方法。如观察某优秀跆拳道运动员的技术有某一方面特点,另一优秀跆拳道运动员也有这一特点,从而断定大多数跆拳道运动员都具有这一特点。演绎与归纳法相反,是由一般到特殊的推理方法,把已知的结论运用到未知的研究中去。如一个优秀跆拳道运动员的成功经验运用到其他跆拳道运动员的训练中去的方法。

(三)分析和比较法

是对感性材料进行抽象思维的基本方法。分析法是把研究对象或事物的整体分解为部分,把复杂的事物分解为简单的要素,并分别进行加以研究的方法。如跆拳道技术中一个动作可分为准备姿势—运行部分—击打、接触部分—回收部分—还原准备姿势,击打的方向、运用的方法、战术的运用等分别进行研究。比较法是把研究对象或事物的各个部分、影响因素统一起来作为综合进行考虑的方法,如对跆拳道比赛经过观察,取得了统计材料之后,先要进行分析,如:从技术角度看,进攻技术、防守技术、反击技术运用的情况;从参赛队伍的整体看,各个队的技术特点是什么。然后综合比较,取得结论:哪些队的技术全面,哪些队员技术较好,其特点是什么,哪些技术需要借鉴等等。

三、经验与调查法

通过调查的方式了解情况,包括会谈、询问、填表、观察统计及文献资料的收集等。

在跆拳道科学研究中经常运用的经验与调查法有:

(一)现场调查

直接到教室、训练场或比赛的现场针对某一课题去观察、访问、记录、统计等。观察和实验是跆拳道科研中最基本也是最重要的方法。通过对研究对象在自然条件下的发展过程与形成结果进行客观地测量和记录,以此来收集原始材料,为总结、发展和验证科学理论提供实践经验。

(二)追踪调查

是对观察对象最长时间(几年或几十年)追踪考察,掌握对象各个方面(如发育、技术、战术、力量、心理、意志品质等)发展情况,以期对问题总结出带有规律的认识。

(三)专家调查

主要是依靠专家作出的定性分析,再将定性分析转换为定量分析的方法。

(四)瞻前调查

预先设立施加某种因素与未施加某种因素的研究对象, 在一定时间内观察他们的效应,最后对不同的结果比较分析,对施加因素的作用适当地说明。

(五)回顾性调查

从已有的结果出发,追溯其发展、成长途径等存在的种种原因,从中探索出某些有规律性的认识。

(六)文献资料法

这种方法主要是通过查阅与研究题目有关的文献资料、录像、图片、录音等,把所收集的各种资料来源进行分析整理。运用分类比较、分析综合、归纳演绎等方法进行逻辑推理,阐明要研究的问题,提出自己的观点和看法。广泛地阅读有关的文献资料,能够全面深入地了解国内外研究的现状和趋势,了解前人成功的经验和教训。帮助研究者开阔眼界,少走弯路,使研究工作在前人的基础上再进一步。

1. 查阅文献资料的一般程序

列出所需收集资料的纲目、寻找资料来源、借阅资料、摘取资料、整理资料:

(1)列出收集资料的纲目:收集资料之前,要根据研究的目的、任务和方法,先确定一个收集资料的纲目,较具体地列出所收集各个方面的内容,然后依照这份纲目的要求去查阅资料。

(2)寻找资料来源:大量的资料可在图书馆的目录上或网络上查到,有些比较特殊的资料,可向有关工作人员请求帮助。

(3)借阅资料:通过阅读文献资料来发现问题,也可以联系工作实践提出问题。然后带着问题,广泛阅读国内外有关的文献资料,了解学术动态和相关专家的见解和看法,为论文的整体构思收集一些参考资料和开拓思路。阅读资料时,要注意推敲资料的可靠性,涉及到作者引用他人材料时,尽可能地找原文校对,涉及到统计数据或实验结果时,要同时搞清楚作者的概念和标准、对象和方法、条件等,以便今后引用对照。

(4)摘取资料:一般资料摘取有两种,一种是研究者亲自实践与考察获得直接材料,主要是指实验、观察、调查、访问、测量等方法所测取的数据和记录;另一种是查阅大量与课题有关的资料、论文、科研成果和专著等获得间接材料。两者摘取的资料应结合采用,以保证资料收集的完整性,把研究所需的资料摘录在资料卡或笔记本上。

(5)整理资料:对所收集的资料要及时加以分类整理。使之成为一组有意义的资料群,以便揭示出它们之间的特点和规律,为资料分析打好基础。整理工作的步骤是:首先检查全部的原始资料,修正错误,补充遗漏,然后针对问题进行编辑分类,登录在表格或计算机内,同时对其中发现的异常数据经过统计计算后予以剔除;一般可按资料的内容、研究课题中有关各个专题或按年代顺序来进行分类编排整理。

2. 收集文献资料应注意的问题

(1)收集文献资料要有计划、目的、有选择地阅读。

(2)把文献资料和剪、拍、录、查、写结合起来。

(3)把精读、粗读及翻阅标题、图表和结论有重点地结合起来。

(4)记清资料来源(篇目、作者、日期、资料名称、期刊、出版单位等)。

(七)观察统计法

在跆拳道运动科学研究过程中,观察统计法的运用是很普遍的,因为跆拳道教学、训练和运动竞赛都有其直观性,很适合用观察法加以研究。是在自然状态的条件下,观察者按照预定计划有目的、系统地进行实地观察。为了准确而迅速地将观察中所得到的信息收集起来,在跆拳道观察中经常要预先设计各种现场记录的方法,主要分为观察统计和统计测量,下面分别来进行详细的介绍:

1. 观察统计的内容

(1)跆拳道教学的步骤和教学的方法。

(2)跆拳道比赛中战术运用及技术动作成功率的统计。

(3)跆拳道训练计划和训练方法的采用。

(4)跆拳道普修课的开展情况、教学的内容及教学的效果变化等。

(5)训练或比赛中运动员技术上存在的问题。

(6)跆拳道运动员心理的变化。

(7)跆拳道教练员比赛中临场指导工作的研究。

2. 统计测量与测验的内容

(1)人体测量:测量身高、体重、四肢的长度,X 光射线测定骨结构、骨龄。

(2)机能测量:测量各种生理、生化指标,如心率、血压、肺活量、呼吸差、尿蛋白、血红蛋白、肌电测定等。

(3)素质测试:短距离冲刺跑、柔韧、专项力量等。

(4)心理测试:利用填表或仪器进行检测。

(八)问卷调查法

问卷调查法是通过书面形式让被调查者填写问卷表来收集资料的研究方法。问卷调查适宜用在调查面较大,而问题又比较简单的调查内容。为了使调查的结果科学、合理,一般在正式使用问卷表进行调查之前,要对问卷表进行小范围的试用,通过试用检查其结构是否合理、内容是否简单明了。

制定问卷调查表的步骤:

(1)确定问卷的主题,结合研究目的阅读有关资料。

(2)列出问卷的标题和纲要。

(3)选择问卷的方式(要考虑问卷表的时间、对象、经费、结果、统计分析方法等)。

(4)编写具体的问卷题目,并根据它们的关联程度编排好顺序,制定问卷初稿。

(5)问卷定稿,寄发或分发问卷表,形成问卷调查。

思考题

1. 撰写跆拳道论文有什么意义?

2. 撰写跆拳道论文包括哪些方面的内容?

3. 进行跆拳道论文撰写的方法有哪些?

跆拳道比赛专用术语

序号	韩文英译	中文	中文读音
1	Chung	青	橙
2	Hong	红	轰
3	Cha-ryeot	立正	侧列
4	Kyeong-rye	敬礼	歌列
5	Joon-bi	准备	准比
6	Shi-jak	开始	喜乍
7	KaI-yeo	分开	嘎榴
8	Kye-sok	继续	该索
9	Ke-man	结束	克曼
10	Kye-shi	计时	给希
11	Shi-gan	时间暂停	希干
12	Kyong-go	警告	警告
13	Gam-jeom	扣分	嘎母桑母
14	Yir-jeom	加分	一儿真姆
15	Chung Seung	青胜	青胜
16	Hong Seung	红胜	红胜
17	Bi-Kim	平局	比给姆
18	H a-nah	一	哈娜
19	D uhl	二	嘟儿.
20	Seht	三	塞的
21	Neht	四	奈
22	D a-Soet	五	打司
23	Yeo-Soet	六	有司
24	Il-gopsoee	七	依里咕
25	Yeo-dol	八	亚都儿
26	A-hop	九	阿虎
27	Yeol	十	油儿
28	H yu-Sik	休息	虚息

主要参考文献

1.李德祥. 跆拳道快速入门[M]. 北京：北京体育大学出版社，2002.

2.刘同为、林官仁等. 跆拳道[M]. 哈尔滨：黑龙江科学技术出版社，2003.

3.刘卫军. 跆拳道[M]，北京：北京体育大学出版社，2004.

4.王智慧. 竞技跆拳道[M]. 北京：人民体育出版社，2006.

5.刘卫军. 跆拳道技巧图解[M]. 北京：北京体育大学出版社，2002.

6.田麦久. 论运动训练计划[M]. 北京：北京体育大学出版社，1999.

7.陈立人、刘卫军. 现代跆拳道训练方法[M]. 北京：北京体育大学出版社，2004.

8.杜七一. 现代跆拳道教程[M]. 武汉：湖北科学技术出版社，2007.

9.王家宏. 篮球[M]. 北京：高等教育出版社，2005.

10.张山、江百龙. 中国体育教练员岗位培训教材——武术（散手）[M]. 北京：人民体育出版社，2001.

11. 郭清华. 跆拳道运动员的心理训练方法 [J]. 安徽体育科技. 2004（3）：62—63.

12.中国跆拳道协会. 跆拳道竞赛规则. 2003.

后记

笔者从2006年有了编著这本书的想法，到着手撰写跆拳道教学理论与实践以来，经过几年的努力，完成书稿。

这本书的完成不仅仅是我一个人的成果，而且凝聚着安徽人民出版社安师大编辑部编辑、校对、印制、发行等全体人员的劳动和智慧。感谢责任编辑戴明芳！感谢安徽师范大学体育学院领导！正是安徽人民出版社安师大编辑部对学术的建议和责任，安徽师范大学严谨的治学校风与宽松的学术氛围，体育学院领导的关心、支持和帮助，才使得本书得以顺利出版。在此，我表示衷心地感谢和崇高的敬意。

衷心感谢安徽师范大学体育学院魏登云副院长给本书提出的许多宝贵的意见和建议！

衷心感谢07级运动训练跆拳道专业王亚飞、李继麟、杨磊、陈莹同学的动作合作演示！

在本书即将付梓之际，笔者虽然从事高校跆拳道教学多年，仍然感到有些方面研究还不够深入，有些教学方面的心得考虑得还不够成熟，有些内容也未来得及写入书中。作为跆拳道运动教学的教材，本书只是建立了一个理论实践的框架，不完善之处，有待以后修定，假如能得到读者的宝贵意见，将会是一种激励。推动我进一步修改补充，使本书日臻完善，这才是我真诚热切的期望。

李　伟

2009年4月9日